성경을 읽는 것 자체가 좋습니다. 그러나 알고 읽는 것은 더 좋습니다. 알고 읽되 그리스도를 중심으로 신구약 전체를 이해하고 읽는다면 금상첨화일 것입니다. 역사와 전통이 있는 미국 웨스트민스터 신학교에서 개인은 물론이고 교회 안의 다양한 그룹에서 사용할 수 있는 성경읽기 교과서를 보내왔습니다. 심혈을 기울여 만든 《리딩지저스》는 한국 교회 성도들에게 귀한 선물이 되기에 충분합니다.

이규현 담임목사 | 수영로교회

미국 필라델피아에 자리한 웨스트민스터 신학교는 미국 기독교계는 물론이고 한국 교회에도 큰 영향을 미친 신학교입니다. 영향력 있는 신학자들을 많이 배출하였고, 이를 통해 한국 교회에 크게 공헌한 신학교입니다. 이 고마운 신학교에서 이번에 한국 교회를 위해 또 한 번 큰 수고를 해 주었습니다. 신학교 산하에 있는 웨스트민스터프레스코리아에서 《리딩지저스》라는 성경읽기 도구를 만들었습니다. 신학교 교수님들의 강의를 성도님들도 쉽게 이해하시도록 긴 시간을 들여서 만든 작품입니다. 《리딩지저스》가 가진 가장 큰 의미가 있다면, 성경이 가리키는 한 분, 예수 그리스도를 중심에 둔 성경읽기라는 점입니다. 모든 저자가 성령의 감동으로 오직 한 분 예수님을 드러내기 위해 쓴 책이 성경이라면, 우리는 성경을 쓰인 목적대로 읽어야 할 것입니다. 이런 점에서 많이 기대되는 책입니다. 이 책을 통해 우리는 구약성경이든 신약성경이든 어느 본문에서든 예수님을 발견하게 될 것입니다. 《리딩지저스》와 함께 성경이 말하는 예수 그리스도를 체험하는 행복한 시간을 갖게 되시기를 바랍니다. 나 자신과 내가 처한 상황을 그리스도 중심으로 해석하는 힘이 길러지리라 믿으며 기쁘게 추천합니다.

이찬수 담임목사 | 분당우리교회

성경을 가까이하고 즐겨 읽는 것이 경건의 핵심인 줄 다 알면서도 성경읽기의 행복에 들어가는 것이 생각보다 쉽지 않아서 많은 성도가 여러 번 시도하지만 실패하고는 합니다. 이번에 출간되는 《리딩지저스》는 이런 점에서 성도들에게 큰 유익을 끼치리라 생각합니다. 창세기부터 요한계시록까지 성경에 나오는 다양한 인물과 사건을 예수님 중심으로, 예배하는 심령으로 읽도록 도와주어서, 우리의 성경읽기가 단순한 지적 호기심 충족이나 설익은 적용에 그치지 않고, 성경 본문을 풍성하게 누리도록 도전합니다. 또한 삶의 변화로 이끄는 성경읽기가 되도록 안내할 것입니다. 성경읽기를 통해 우리 삶의 전부요 기쁨이신 구주를 더욱 알고 사랑하는 일이 조국 교회와 성도들의 삶에 더욱 풍성해지기를 기대하는 마음으로 이 책을 적극 추천합니다.

화종부 담임목사 | 남서울교회

사도 바울은 연소했던 디모데에게 자신의 사역을 이양하면서 '읽는 것에 전념'하라고 합니다(디모데전서 4:13). '성경을 읽는 것'은 주님의 일을 하는 데 가장 기본인 훈련이며, 성숙한 성도로 살아가는 현장의 시작이라는 뜻입니다. 하나님 앞에 바로 서려는 진지한 결단을 하고 싶다면, 성경을 일독해 보라고 권하고 싶습니다. '말씀'은 시작부터 있었고(요한복음 1:1), 인생을 초기화[reset]할 때 반드시 '말씀'이 앞에서 이끌어 주어야 하기 때문입니다. 그런데 그동안은 강력히 추천할 성경읽기 교재가 없었습니다. 이제 우리 앞에 나타난 듯합니다. 《리딩지저스》 성경읽기 교재에는 신학이 담겨 있으며, 그 신학이 성경 66권 전체를 읽어 가는 긴 여행을 돕는 훌륭한 지팡이가 될 것입니다. 《리딩지저스》가 담고 있는 신학은 신뢰할 수 있습니다. 예수 그리스도를 중심으로 성경 전체를 읽어 나가는 길을 안내하기 때문입니다. 《리딩지저스》는 한국 교회의 소생이라는 염원을 담아 제작되었습니다. 《리딩지저스》는 말씀 위에 세워진 한국 교회가 코로나19의 어려움을 이기고 더욱 정결해지는 데 필요한 역할을 할 것입니다.

한규삼 담임목사 | 충현교회

READING
JESUS

4

미국 웨스트민스터 신학교와 '리딩지저스'

'리딩지저스'는 교회 공동체가 함께 성경 전체를 통독하며 성경의 중심 메시지를 이해할 수 있도록 돕는 성경읽기 프로그램입니다. 확신하건대 성경의 중심 메시지는 예수 그리스도, 곧 그분의 인격과 구원 사역입니다. 웨스트민스터 신학교는 오랜 세월 성경 전체에서 그리스도를 바라보는 성경 해석학에 헌신해 온 학교로 잘 알려져 있습니다. 우리의 이러한 헌신은 그리스도와 사도들의 중심 메시지에 근거합니다.

누가복음 24장 25-27절에서도 우리는 부활하신 예수님이 이 사실을 얼마나 깊이 인식하고 계시는지 볼 수 있습니다. "이르시되 미련하고 선지자들이 말한 모든 것을 마음에 더디 믿는 자들이여 그리스도가 이런 고난을 받고 자기의 영광에 들어가야 할 것이 아니냐 하시고 이에 모세와 모든 선지자의 글로 시작하여 모든 성경에 쓴 바 자기에 관한 것을 자세히 설명하시니라." 예수님의 이러한 성경 연구는 그리스도 중심 성경읽기인 '리딩지저스의 핵심이자 근간'이 됩니다.

'리딩지저스'는 성경적 교회 기반 프로그램으로, 웨스트민스터 신학교의 사명으로부터 발전하였습니다. "웨스트민스터 신학교는 그리스도와 전 세계에 있는 그의 교회를 위하여 하나님의 모든 뜻을 선포하는 성경의 전문가를 양성하기 위해 존재합니다"(웨스트민스터 사명선언문).

1. 리딩지저스는 성경의 전문가를 양성하는 일을 합니다

웨스트민스터 신학교의 설립자인 그레샴 메이첸은 "성경의 전문가"라는 문구를 다음과 같이 사용했습니다.

> 신학교는 전문가를 위한 학교라는 사실을 결코 잊어서는 안 됩니다. 우리는 전문화 시대에 살고 있습니다. 눈에도 전문가가 있고, 코, 목, 배, 발, 피부에도 전문가가 있습니다…우리의 전문성은 하나님의 말씀에 있습니다. 성경의 전문가, 웨스트민스터 신학교는 이를 양성해 내기 위해 노력할 것입니다(J. Gresham Machen, "Westminster Theological Seminary: Its Purpose and Plan").

'리딩지저스'는 한국 교회를 위한 성경의 전문가를 양성하는 놀라운 발걸음입니다. 이 프로그램에 참여하는 사람들 가운데 앞으로 수년 내에 한국 교회를 이끌고 섬길 신학, 목회, 선교, 의료, 교육, 상담, 행정 분야의 성경의 전문가가 배출될 것입니다. 지금 '리딩지저스'에 참여하는 것은 곧 한국 교회의 내일을 위한 성경의 전문가들을 양성하는 일에 동참하는 것입니다.

2. 리딩지저스는 하나님의 모든 뜻을 이해하고 선포하는 것을 핵심으로 합니다

"하나님의 모든 뜻"(the whole counsel of God)이라는 표현은 사도 바울이 에베소 교회의 사랑하는 장로들에게 고별사를 전하며 나옵니다. "이는 내가 꺼리지 않고 하나님의 뜻을 다 여러분에게 전하였음이라"(사도행전 20:27).

웨스트민스터 신학교의 교육은 예수 그리스도 안에 있는 구원의 충만함이 계시된 성경에 확고하게 뿌리내리고 있습니다. 우리 신학교의 이름은 개혁 신앙의 정점에 있는 웨스트민스터 신앙고백의 이름을 따라 명명되었습니다. 그 이유는 어느 도시나 국가, 교단이나 사람이 아닌 오직 성경의 권위를 따르고자 했기 때문입니다.

'리딩지저스'는 성경이 하나님의 영감으로 기록되었으며, 스스로 권위를 입증하는 말씀이라는 고백 위에 만들어졌습니다. 그뿐만 아니라 성경이 기록된 원래 목적과 의미를 발견하여, 복음의 필수 진리에 전념하도록 돕는 교회를 위한 프로그램입니다. '리딩지저스'에 참여하는 것은 하나님의 모든 뜻에 평생을 헌신한 세계적 수준의 성경 전문 교수진이 가르치는 성경수업을 여러분과 여러분의 가족, 교회, 믿음의 공동체에 가져오는 것입니다. 이 얼마나 훌륭한 선물입니까! '리딩지저스'를 여러분의 교회 사역에 사용하길 진심으로 권합니다.

3. 리딩지저스는 그리스도를 영화롭게 하고, 전 세계에 있는 그의 교회를 세웁니다

그리스도를 영화롭게 하는 일은 참으로 우리 삶의 가장 중요한 목적입니다. 웨스트민스터 소요리문답 제1문답은 "사람의 제일되는 목적은 하나님을 영화롭게 하고 영원히 그를 즐겁게 하는 것입니다"라고 가르칩니다. 마찬가지로 예수 그리스도께 초점을 맞추어 그분을 예배하는 것이 바로 '리딩지저스' 프로그램의 핵심입니다.

예수님은 "내가 땅에서 들리면 모든 사람을 내게로 이끌겠노라"(요한복음 12:32)라고 말씀하셨습니다. 웨스트민스터 신학교의 '리딩지저스' 사역은 그리스도 중심 성경읽기를 통하여 십자가와 우리 주 예수 그리스도의 구원 사역을 높이 들어 올리는 것입니다. 저는 '리딩지저스'가 여러분과 여러분의 교회, 그리고 한국뿐만 아니라 전 세계적으로 그리스도를 영화롭게 하고 그분의 교회를 복되게 하리라고 믿습니다.

'리딩지저스' 프로그램을 통해 그리스도와 전 세계에 있는 그의 교회에 하나님의 모든 뜻을 선포하는 성경의 전문가를 함께 양성합시다.

피터 릴백 웨스트민스터 신학교 총장

교재 소개

우리는 모두 자신에게 익숙한 방식으로 성경을 읽습니다. 어떤 이는 성경 본문이 전하는 내용을 자세히 살피지 않고 서둘러 적용으로 넘어갑니다. 반대로 본문의 신학적 의미만 파고들지 실천은 뒷전인 사람도 있습니다. 아예 성경을 읽고 또 읽는 그 자체에만 집중하는 경우도 있습니다.

《리딩지저스》는 성경을 정확하고 풍성하게 읽도록 돕습니다. 자신이 좋아하는 본문만 골라 읽는 습관을 방지하고, 본문을 이해하는 데 다양한 관점이 있다는 것을 간과하지 않도록 안내합니다. 무엇보다 생각의 변화만이 아니라 삶의 변화를 추구합니다. 이는 성경 전체를 그리스도 중심으로 읽어 나갈 때 일어나는 반가운 소식입니다.

1 성경 그 자체를 따라
《리딩지저스》는 성경이 하나님의 영감으로 기록되었으며, 스스로 권위를 입증하는 말씀이라고 고백합니다. 이러한 신앙고백 위에서 성경이 기록된 원래 목적과 의미를 발견할 수 있도록 우리에게 성경이 주어진 그 자체를 순서대로 따라가며 성경을 통독합니다.

2 신뢰할 수 있는 신학적 틀
《리딩지저스》는 웨스트민스터 신학교의 "구약성경과 그리스도", "신약성경과 그리스도" 강의를 바탕으로 제작되어 온 교회가 신뢰하며 따라갈 수 있는 성경읽기의 신학적 틀을 제공합니다.

3 균형 있게 통합된 성경통독 교재
- 1부 성경읽기: 매일 일정한 분량씩 읽는 성경읽기
- 2부 성경수업: 성경 각 권을 그리스도 중심으로 해설한 성경수업
- 3부 성경나눔: 성경읽기와 성경수업의 내용을 바탕으로 공동체가 함께
  기도와 예배, 삶의 변화로 나아가는 성경나눔

4 그리스도 중심으로 창세기부터 요한계시록까지
일 년에 일독하는 과정(45주)
- 1권: 창세기–여호수아(7주)
- 2권: 사사기–에스더(8주)
- 3권: 욥기–아가(7주)
- 4권: 이사야–말라기(9주)
- 5권: 마태복음–로마서(7주)
- 6권: 고린도전서–요한계시록(7주)

그리스도 중심 성경읽기

성경은 단숨에 읽을 수 있는 책이 아닙니다. 1,500년에 걸쳐서 기록되었고, 66권으로 이루어져 있는 두꺼운 책입니다. 이야기와 시, 예언과 잠언, 묵시 문학 등 다양한 장르로 기록되었고, 한 번에 이해하기 어려운 본문도 많이 있습니다. 따라서 성경읽기에는 반드시 건강한 신학을 기반으로 하는 틀이 필요합니다.

《리딩지저스》는 온 교회가 신뢰하며 따라갈 수 있는 신학적 틀을 제공합니다. 100년에 가까운 기간 동안 성경에 계시된 그리스도를 붙들고 달려온 미국 웨스트민스터 신학교의 "구약성경과 그리스도", "신약성경과 그리스도" 강의가 그 내용의 토대가 되기 때문입니다. 《리딩지저스》가 안내하는 그리스도 중심 성경읽기는 다음과 같은 특징이 있습니다.

1 성경 속 하나님의 큰 그림을 보여 줍니다

《리딩지저스》는 하나님의 큰 뜻이 예수 그리스도를 통해 어떻게 이루어져 가는지를 보여 줍니다. 성경을 줄거리나 배경지식 위주로 읽거나 각 권의 주제와 쟁점에 초점을 맞춰 살피는 방식보다는, 복음의 발자취를 따라 창세기부터 요한계시록까지 성경 전체를 그리스도 중심으로 읽도록 안내하고, 삶에 적용 가능한 관점을 제공합니다.

2 예배하는 마음으로 성경을 읽도록 돕습니다

《리딩지저스》는 성경이 하나님의 영감으로 기록되었으며, 스스로 권위를 입증하는 말씀이라고 고백합니다. 이러한 신앙고백 위에서 성경이 기록된 원래 목적과 의미를 발견하여 성경 전체에서 예수 그리스도의 복음을 만나도록 돕습니다. 그 복음은 우리를 하나님께 영광을 돌리게 만들고, 이때 성경읽기는 하나님을 영화롭게 하는 예배가 됩니다.

3 **삶의 변화로 이어지는 성경의 핵심을 전합니다**
《리딩지저스》는 성경의 다양한 내용이 어떻게 하나의 이야기로 조화를 이루는지와 성경의 핵심 메시지와 어떻게 연결이 되는지를 보여 줍니다. 그리고 지금까지 많이 들어온 구약성경의 여러 인물과 이야기들이 어떻게 예수 그리스도를 향해 나아가는지와 어떻게 신약성경과 연결되는지를 안내합니다. 성경의 메시지를 선명히 알고 하나님의 뜻을 깨달을 때, 우리 삶은 진정으로 변화할 것입니다.

《리딩지저스》 활용 예시

┃ **충현교회 choonghyunchurch.or.kr**
- 《리딩지저스》를 전 교인 성경통독에 활용
- 2022년 2,289명이 성경통독에 참여
- 주일 설교를 통독 일정과 연계하여 진행

┃ **대구동신교회 ds-ch.org**
- 《리딩지저스》를 훈련교육과정인 성경통독반에 활용
- 2022년 1,300명이 성경통독반에 참여
- 기수별로 통독 참여자를 모집하여 진행

성경통독 활용하기

《리딩지저스》는 성경 전체를 그리스도 중심으로 읽기 원하는 사람은 누구나 쉽게 활용할 수 있습니다. 《리딩지저스》에서 제공하는 45주 성경통독 스케줄에 따라 매일 성경을 읽어 가며 《리딩지저스》교재와 영상을 성경읽기 길잡이로 삼으세요. 《리딩지저스》를 활용하면 하루에 5장 남짓 성경을 읽으면서 특별한 주간이나 한 권의 교재가 끝날 때마다 한 주씩 쉬어 가더라도 일 년에 성경 일독이 가능합니다.

개인 활용법

그리스도 중심 성경읽기로 일 년에 성경 일독을 실천하고 성경을 정확하고 풍성하게 읽어 나가는 힘을 기를 수 있습니다.

공동체 함께 읽기

공동체가 소그룹으로 함께 모여 성경통독을 할 경우 더욱 풍성하고 효과적인 그리스도 중심 성경읽기를 할 수 있습니다.

전 교인 활용법

전 성도가 함께 그리스도 중심으로 일 년에 성경 일독을 할 수 있습니다.

통독 준비

- 《리딩지저스》교재를 준비합니다. 교재는 1권(창세기-여호수아)부터 준비하여 시작합니다. 먼저 '구약성경 개관'을 읽고 《리딩지저스》와 함께 그리스도 중심으로 성경을 읽는 것의 큰 그림을 이해합니다.

주일

- '이번 주 성경읽기표'를 확인합니다.
- 이번 주에 해당하는 리딩지저스 영상을 시청합니다. (약 10-13분 소요)
- 성경수업의 레슨 1-5를 읽습니다. (약 15-20분 소요)

월요일-토요일

- 매일에 해당하는 '성경읽기 해설'을 읽고 통독 길잡이로 삼습니다.
- 통독표에 따라 성경을 읽습니다.

마무리

- 3부 성경나눔의 '성경수업 돌아보기' 문제들을 풀어 봅니다.
- '나눔 질문'에 답을 하며, 한 주 동안 깨달은 은혜를 나의 삶에 어떻게 적용할지 생각해 봅니다.
- '기도로 함께 소망하며'와 '하나님을 향한 찬양'으로 마무리합니다.

2

공동체
함께
읽기

소그룹 운영

• 《리딩지저스》 교재와 영상을 활용하면 누구나 어렵지 않게 소그룹 리더
로 섬길 수 있습니다. 적게는 3-4명, 많게는 10-12명으로 소그룹을 구성
하고, 리더를 정합니다.

주일

• 담당 교역자가 공유하는 리딩지저스 영상 링크를 소그룹 단체 채팅에 공
유합니다.

월요일—토요일

• 담당 교역자가 공유하는 그날의 '성경읽기 해설'을 소그룹 단체 채팅에
공유합니다.

• 해당 성경 본문을 다 읽고 '완독' 또는 '창세기 1-5장 다 읽었습니다'라고
메시지를 남깁니다.

• 성경을 읽고 느낀 은혜를 짧게 나눌 수 있습니다.

모임

• '성경수업 돌아보기' 문제(빈칸 채우기)를 함께 풀어 봅니다.

• '나눔 질문'을 읽고 서로 돌아가며 자신의 이야기를 나눕니다.

• '기도로 함께 소망하며'에 기도 제목을 적고 서로를 위해 기도합니다.

• '하나님을 향한 찬양'의 시편을 함께 읽고 마무리합니다.

3

**전 교인
활용법**

목회 활용

• 《리딩지저스》는 목회의 현장에서 다양하게 활용될 수 있습니다. 특별히 교재와 영상을 활용하며 전 교인 성경통독과 주일 예배 설교가 함께 나아갈 때 그 열매가 가장 풍성할 것입니다.

새벽 설교

• 1부 성경읽기는 '기본 읽기'와 '핵심 읽기'로 나뉩니다.
• '핵심 읽기'에서 본문을 선택하여 새벽 설교를 준비할 수 있습니다.

주일 설교

• 한 주간 읽은 성경 범위에서 주요 본문을 선택합니다.
• 교재를 참고하여 본문이 담고 있는 그리스도 중심의 핵심을 전달합니다.
• 《리딩지저스》 성경통독을 통해 본문의 문맥을 이해하고 있는 청중에게 메시지를 전달하는 효과가 있습니다.

소그룹

• 주일 오후, 리딩지저스 영상 링크를 소그룹 리더에게 공유합니다.
• 매일 오전, 성경읽기 해설을 소그룹 리더에게 공유합니다. (성경읽기 해설은 리딩지저스 웹사이트에서 다운로드 가능)
• 간단한 설문을 통해 완독률과 소감 등을 확인하고 나눌 수 있습니다.

웹사이트 readingjesus.net

리딩지저스 웹사이트의 라이브러리를 통해 성경
읽기 해설, 리더 가이드와 교재 관련 자료들을 만
날 수 있습니다.

그리스도 중심
성경읽기
리딩지저스의
독특함과 차별성

리딩지저스 영상 & 오디오 바이블

스토리텔링 형식으로 구성한 **리딩지저스 영상**을
통해 교재의 성경수업 내용을 보다 쉽게 접근할
수 있습니다. 또한 45주 성경통독 일정에 맞추어
제작된 **오디오 바이블**을 통해 매일의 성경통독 분
량을 부담 없이 완독할 수 있습니다.

컨퍼런스

리딩지저스 컨퍼런스는 그리스도 중심 성경읽기의
중요성을 확인하고 말씀으로 교회가 하나되는 구체
적인 사례와 방법론을 제시합니다.

인도자 세미나

리딩지저스 인도자 세미나는 그리스도 중심 성경읽기의 중요성에 공감
하여 《리딩지저스》 교재와 영상을 활용하고자 하는 목회자들을 돕기 위
해 준비한 프로그램입니다. 1) 전 교인 성경통독, 2) 그리스도 중심 설교,
3) 소그룹 모임 운영을 할 수 있도록 안내합니다.

교재 활용법

《리딩지저스》는 성경을 매일 일정한 분량씩 읽는 **성경읽기**와 성경 각 권을 그리스도 중
심으로 해설한 **성경수업**, 그리고 이 두 가지를 바탕으로 한 **성경나눔**으로 구성된 성경공
부 교재입니다.

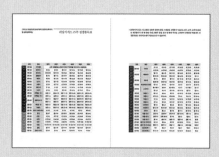

리딩지저스 45주 성경통독표

45주 플랜을 따라 그리스도 중심으로
창세기부터 요한계시록까지 일 년에 일
독하는 성경통독표입니다. 45주, 43주,
40주 성경통독표는 웹사이트에서 다운
로드할 수 있습니다.

《리딩지저스》 4권 성경읽기 스케줄

매일의 '기본 읽기' 분량과 핵심 주제를
안내하는 스케줄입니다. 4권은 9주 동
안 이사야부터 말라기까지 성경을 통
독합니다.

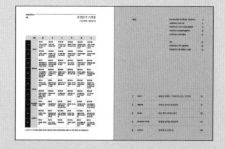

1부 성경읽기

들어가며

이번 주의 1부 성경읽기 범위와 2부 성경수업의 내용을 소개합니다.

리딩지저스 영상 안내

이번 주의 리딩지저스 영상을 소개합니다. QR코드를 찍으면 해당 영상으로 연결됩니다.

이번 주 성경읽기 스케줄

이번 주의 성경읽기 스케줄을 보여 줍니다. '기본 읽기'와 '핵심 읽기' 중 한 가지를 선택하여 그 날의 성경 본문을 읽은 후, 빈칸에 '완독' 표시를 합니다.

성경읽기 해설

그 날 읽을 성경 본문의 내용을 요약한 해설입니다. 리딩지저스 웹사이트의 라이브러리에서도 다운로드할 수 있습니다.

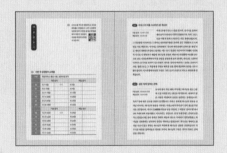

2부 성경수업

Lesson

이번 주 성경읽기와 함께 읽을 성경수업 내용입니다. 각 레슨은 미국 웨스트민스터 신학교의 "구약성경과 그리스도", "신약성경과 그리스도" 강의를 한국 교회 성도의 눈높이에 맞추어 쉽고 알차게 재구성했습니다.

리딩지저스

'리딩지저스' 페이지는 성경수업에서 다룬 이야기가 어떻게 예수 그리스도를 향해 나아가는지, 그리고 그것이 성도의 삶에 어떤 의미를 부여하는지를 보여 줍니다.

3부 성경나눔

한눈에 보기

이번 주의 성경수업 내용을 한 눈에 볼 수 있도록 압축 요약하여 보여 줍니다. '한눈에 보기'를 읽으며 3부 성경나눔을 시작합니다.

성경수업 돌아보기

2부 성경수업에서 학습한 내용을 확인하는 빈칸 채우기 문제입니다. 오른쪽 페이지 하단의 정답을 참고합니다.

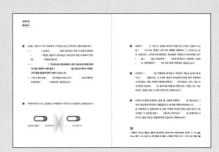

나눔 질문

이번 주 성경읽기와 성경수업을 통해 받은 은혜를 묵상하고 나눌 수 있는 나눔 질문입니다. 여백에 나의 이야기를 적으며, 성경통독 신앙 다이어리로 활용할 수 있습니다.

기도로 함께 소망하며

서로의 기도 제목을 나누고 함께 기도할 수 있도록 안내합니다. 성경통독 기도 수첩으로 활용할 수 있습니다.

하나님을 향한 찬양

하나님께 올려드리는 시편 찬양으로 한 주의 성경읽기, 성경수업, 성경나눔을 마무리합니다.

리딩지저스 4: 이사야-말라기
다시 일으키시는 하나님

2022년 4월 22일 초판 1쇄 발행
2024년 6월 10일 2판 4쇄 발행

지은이 이안 더귀드
편역   웨스트민스터프레스코리아 편집부
펴낸이   권혁민

주식회사 웨스트민스터프레스코리아

주소   서울특별시 강동구 천중로 213, 520호
전화   02-2289-9081
이메일   readingjesus@wts.edu
등록   2020년 12월 30일

READING JESUS 4

Copyright © 2023 by Westminster Press Korea
This edition licensed by special permission of Westminster
Theological Seminary and adapted from the online course
Old Testament Survey taught by Iain M. Duguid. All rights
reserved.

그리스도 중심 성경읽기 리딩지저스

READING JESUS 4

이사야-말라기: 다시 일으키시는 하나님

이안 더귀드

READING
JESUS

심판과 멸망의 잿더미를 다시 일으키시는

《리딩지저스》4권에서 살펴볼 책은 구약성경의 선지서입니다. 선지서는 크게 대선지서와 소선지서로 나뉘는데, '대선지서'(Major Prophets)에는 이사야, 예레미야, 에스겔이 있고, '소선지서'(Minor Prophets)에는 호세아, 요엘, 아모스, 오바댜, 요나, 미가, 나훔, 하박국, 스바냐, 학개, 스가랴, 말라기가 포함됩니다. 선지서를 이렇게 나누는 이유는 내용의 중요성 때문이 아니라 분량의 많고 적음 때문입니다.

대표적인 선지서인 이사야서는 웃시야 왕이 죽은 해부터 유다의 가장 악한 왕으로 취급되는 므낫세 왕 시대까지 활동한 이사야가 유다의 멸망을 예언한 내용을 담고 있습니다. 이사야는 성전 방문 중에 선지자로 부르심을 받고 하나님의 환상을 보는데, 이는 웃시야 왕이 심판받아 죽은 상황에서 진정한 왕이신 하나님, 그분의 위엄 있고 거룩하시고 영광스러운 모습을 유다 백성에게 보여 줄 필요가 있었기 때문입니다. 이사야는 전반부(1-39장)에서는 하나님의 심판을 선포하지만, 후반부(40-66장)에서는 위로의 메시지를 전합니다. 그는 이스라엘이 죄로 인해 하나님에게서 끊어졌다고 느끼겠지만 하나님의 돌보심은 끊어지지 않았으며, 결국에는 그 관계도 회복될 것이라고 말합니다. 마지막 때에 시온과 예루살렘이 여호와의 말씀을 전 세계 모든 이방인에게 전하고, 주께서 권능으로 오셔서 통치하시면서 어려운 때를 신실하게 견딘 자들에게 상을 주실 것이며, 또한 선한 목자로 오셔서 그의 양 떼를 보호하시고 돌봐 주실 것이라고 말합니다. 특히 주목할 내용은 53장으로, 우리를 대신해 고난받으시고 순종하실 종 예수 그리스도의 찔림과 상함과 징계를 통해 여호와의 승리가 이루어지고, 온 세상에 여호와의 영광이 드러날 것이라고 선포합니다.

예레미야서는 유다 왕국이 멸망을 향해 내리막길을 걷는 모든 과정을 눈물로 지켜본 선지자 예레미야를 통해 주신 말씀입니다. 예레미야서는 모든 선지서 중에서도 특히 절망적 상황에서 선포된 말씀이지만, 다른 선지서들과 마찬가지로 궁극적 소망의 메시지를 전합니다. 예레미야서의 구조도 이사야서처럼 크게 두 부분으로 나뉩니다. 1-25장은 심판에 초점을 두고, 26-52장은 장래의 희망에 초점을 맞춥니다. 여기서 특히 주목할 주제는 '새 언약'입니다(31:31-34). 새 언약은 하나님이 시내 산에서 이스라엘 백성과 맺으신 언약과는 전혀 달라서, 하나님의 백성을 내면에서부터 변화시켜 여호와의 법을 그들의 마음에 기록하게 합니다. 이 새 언약은 결국 예수께서 새 이스라엘로 오셔서 시내 산 언약의 율법에 온전히 순종하시고, 신실한 언약 백성을 대표해서 이루실 것입니다. 하나님의 백성은 예수님의 순종으로 말미암아 언약에 약속된 복을 받아 누리게 됩니다. 그런 면에서 새 언약도 일종의 행위 언약인데, 다만 우리의 행위가 아니라 우리를 대신하여 순종하신 예수 그리스도의 행위로 말미암은 것입니다.

에스겔서는 구약성경에서 매우 어려운 책 중 하나로, 바벨론에 포로로 끌려간 선지자 에스겔이 장차 다가올 재앙과 멸망 후에 임할 회복에 대한 하나님의 말씀을 바벨론 땅에서 전한 내용입니다. 에스겔서에서 주목할 장은 마른 뼈 환상을 보여 주는 37장입니다. 이 환상 속에서 에스겔 선지자는 완전히 무너져 버린 멸망의 현장을 목격하는데, 그와 동시에 여호와의 말씀으로 마른 뼈들이 다시 살아나는 경험도 합니다. 마른 뼈처럼 완전히 소망을 상실한 하나님 백성에게도 미래의 소망이 있음을 봅니다. 에스겔서는 새 성전의 환상으로 결론을 맺는데(40-48장), 이 환상은 완전한 새 하늘과 새 땅의 새로운 질서, 곧 여호와가 오셔서 그 백성 가운데 다시 거하실 때 백성이 스스로를 죄에서 정결하게 해야 한다고 말합니다. 여호와가 정결하게 하심은 에스겔서의 새 성전으로 오실 예수 그리스도가 실제로 오심으로 성취됩니다.

다니엘서는 한글 성경이나 영어 성경에서는 대선지서에 속하는 듯하지만, 역사적으로는 선지서에 해당하지 않습니다. 유대교의 구약성경 배치에서 다니엘서는 선지서가 아닌 성문서에 포함되어 있고, 내용 역시 예언만 있지 않고 역사 이야기와 묵시가 섞인 형태이기 때문입니다. 《리딩지저스》 4권의 4장 '묵시문학과 다니엘'에서는 다니엘 7장을 중심으로 구약의 묵시록을 살펴볼 것입니다. 성경적 묵시록(biblical apocalyptic)이란 현시대의 종말을 보여 주는 하늘의 계시, 곧 신자들을 위로하고 권면하기 위해 복합적이고 신비로운 이미지로 펼쳐지는 하늘의 계시를 말합니다. 이러한 묵시록에서 저자는 천상의 세계와 종말론적 미래를 보면서 눈에 보이는 현실이 전부가 아님을 깨닫습니다. 특히 묵시록에서는 하나님과 '인자' 예수님을 무척 상세히 묘사하는데, 그 이유는 다가올 세상이 현재보다 더 실재적임을 보여 주기 위해서입니다. 묵시록을 이해하는 바른 방법은 그리스도 중심성을 놓치지 않는 것입니다. 묵시록의 중요한 핵심은 십자가에 못 박히시고 부활하시고 승천하신 '인자', 즉 예수 그리스도이기 때문입니다.

소선지서는 호세아, 아모스의 시대인 기원전 8세기부터 포로기 이후 시대인 학개, 스가랴, 말라기에 이르기까지 이스라엘의 선지서 문헌 역사 전체를 다룹니다. 이 선지자들은 400여 년에 걸쳐 예언했고, 그들의 예언을 담은 책들도 다양한 시기에 기록되었습니다. 또한 이 열두 권의 책은 현재 성경의 순서와 비슷하게 배열되어 한 개의 두루마리에 실려서 전해졌습니다. 따라서 소선지서 각 책은 각 선지자 당대의 원래 청중에게 전하는 개별적 메시지이며, 동시에 소선지서 전체가 하나의 큰 메시지를 이루고 있습니다.

소선지서 열두 권은 여호와와 그 백성이 맺은 관계의 역사를 대략적으로 그리면서 폭넓게 서로의 메시지를 강화하며 전달합니다. 그 한 예로 초기 소선지서들은 이스라엘과 유다가 각각 독립 국가로 존재했던 시기에 두 나라 모두에게 회개하라고 요청합니다. 호세아서, 요나서, 요엘서 등에서 이런 점이 역력히 나타납니다. 그런데 소선지서를 읽다 보면 북이스라엘은 포로로 잡혀가기 때문에 슬그머니 자취를 감추고, 소선지서의 중간부터는 멸망 직전의 유다를 향해 "회개하라"라는 말씀을 전하면서 다가오는 심판을 선포하는 어조로 바뀝니다. 소선지서는 구약성경의 가장 마지막 예언인 말라기서로 끝을 맺으면서 새로운 엘리야(세례 요한)의 등장과 그가 예비하는 메시아를 바라보게 합니다.

호세아서는 아직은 미래에 해당하는 멸망 이후의 하나님 은혜를 예언합니다. 요나서는 망가진 사람들에게 뜻밖의 긍휼을 베푸시는 여호와와 자기 의에 빠져서 고집스럽게 그 은혜를 거부하는 선지자에 관한 이야기입니다. 학개서, 스가랴서, 말라기서는 포로 귀환으로 부분적으로 회복된 하나님 백성이 하늘의 약속과 땅의 현실 사이에 끼여서 갈등과 갈망을 동시에 경험하는 모습을 보여 줍니다. 신약성경 저자들은 선지자들의 이러한 '아직'이 그리스도가 오심으로 드디어 도래했고, '말세'가 역사 속으로 들어왔다고 선포합니다(사도행전 2:16-17). 이것은 사람들이 하나님의 임재를 새로운 방식, 즉 메시아 예수 가운데서 경험한다는 뜻으로, 소선지서 주제들은 신약성경에서 하나로 합쳐집니다. 세례 요한은 여호와가 그분의 성전에 오실 것을 미리 보여 준 엘리야였고(마태복음 11:14), 예수님은 바로 그 새 성전이시며(요한복음 2:19-21), 그 백성 가운데 계신 하나님의 영광이시요(요한복음 1:14), 새 성전의 주님이시며, 다윗의 뿌리로서(요한계시록 5:5) 자기 백성에게 안식을 주시고(마태복음 11:28; 히브리서 4:1-11), 자기 백성에게 빛나고 깨끗한 세마포 옷을 입혀 주십니다(요한계시록 19:8).

그리스도 중심으로 창세기부터 요한계시록까지
일 년에 일독하는

리딩지저스 45주 성경통독표

	교재	영상	1일차	2일차	3일차	4일차	5일차	6일차
인트로	1권 도입	구약개관	45주 성경통독을 시작하기 전에 구약개관을 먼저 읽거나 시청하세요.					
1주	1권 1강	창세기 1	창 1-4	창 5-8	창 9-12	창 13-16	창 17-20	창 21-24
2주	1권 2강	창세기 2	창 25-28	창 29-32	창 33-36	창 37-40	창 41-45	창 46-50
3주	1권 3강	출애굽기	출 1-6	출 7-12	출 13-19	출 20-26	출 27-33	출 34-40
4주	1권 4강	레위기	레 1-5	레 6-10	레 11-15	레 16-20	레 21-25	레 26-27
5주	1권 5강	민수기	민 1-6	민 7-12	민 13-18	민 19-24	민 25-30	민 31-36
6주	1권 6강	신명기	신 1-6	신 7-12	신 13-18	신 19-24	신 25-29	신 30-34
7주	1권 7강	여호수아	수 1-4	수 5-8	수 9-12	수 13-16	수 17-20	수 21-24
8주	2권 1강	사사기	삿 1-4	삿 5-8	삿 9-12	삿 13-16	삿 17-21	룻 1-4
9주	2권 2강	사무엘상·하 1	삼상 1-5	삼상 6-10	삼상 11-15	삼상 16-20	삼상 21-25	삼상 26-31
10주	2권 3강	사무엘상·하 2	삼하 1-4	삼하 5-8	삼하 9-12	삼하 13-16	삼하 17-20	삼하 21-24
11주	2권 4강	열왕기상·하	왕상 1-4	왕상 5-7	왕상 8-10	왕상 11-14	왕상 15-18	왕상 19-22
12주			왕하 1-4	왕하 5-8	왕하 9-12	왕하 13-16	왕하 17-20	왕하 21-25
13주	2권 5강	역대상·하	대상 1-5	대상 6-10	대상 11-15	대상 16-20	대상 21-25	대상 26-29
14주	2권 6강	유배기	대하 1-6	대하 7-12	대하 13-18	대하 19-24	대하 25-30	대하 31-36
15주	2권 7강	에스라·느헤미야·에스더	스 1-5	스 6-10	느 1-6	느 7-13	에 1-5	에 6-10
16주	3권 1강	욥기	욥 1-7	욥 8-14	욥 15-21	욥 22-28	욥 29-35	욥 36-42
17주	3권 2강	시편 1	시 1-6	시 7-12	시 13-18	시 19-24	시 25-30	시 31-36
18주	3권 3강	시편 2	시 37-42	시 43-48	시 49-54	시 55-60	시 61-66	시 67-72
19주	3권 4강	시편 3	시 73-78	시 79-84	시 85-90	시 91-96	시 97-102	시 103-109
20주	3권 5강	시편 4	시 110-115	시 116-120	시 121-125	시 126-130	시 131-140	시 141-150
21주	3권 6강	잠언	잠 1-5	잠 6-10	잠 11-15	잠 16-20	잠 21-25	잠 26-31
22주	3권 7강	전도서·아가	전 1-3	전 4-6	전 7-9	전 10-12	아 1-4	아 5-8

• 《리딩지저스》는 개 교회의 상황에 맞추어 통독 스케줄을 선택할 수 있도록 45주, 43주, 40주의 플랜을 제공합니다. 한 해 동안 우리 교회의 일정, 절기 및 특별 주간을 고려하여 선택하길 바랍니다. 성경통독표는 웹사이트에서 다운로드할 수 있습니다.

	교재	영상	1일차	2일차	3일차	4일차	5일차	6일차
23주	4권 1강	이사야	사 1-5	사 6-10	사 11-15	사 16-20	사 21-25	사 26-30
24주			사 31-36	사 37-42	사 43-48	사 49-54	사 55-60	사 61-66
25주	4권 2강	예레미야	렘 1-5	렘 6-10	렘 11-15	렘 16-20	렘 21-25	렘 26-30
26주			렘 31-35	렘 36-40	렘 41-45	렘 46-50	렘 51-52	애 1-5
27주	4권 3강	에스겔	겔 1-4	겔 5-8	겔 9-12	겔 13-16	겔 17-20	겔 21-24
28주			겔 25-28	겔 29-32	겔 33-36	겔 37-40	겔 41-44	겔 45-48
29주	4권 4강	묵시문학과 다니엘	단 1-4	단 5-8	단 9-12	호 1-5	호 6-10	호 11-14
30주	4권 5강	소선지서	욜 1-암 3	암 4-9	옵 1-욘 4	미 1-7	나 1-합 3	습 1-3
31주			학 1-2	슥 1-5	슥 6-10	슥 11-14	말 1-2	말 3-4
32주	5권 1강	복음서 1	마 1-3	마 4-6	마 7-9	마 10-12	마 13-15	마 16-18
33주	5권 2강	복음서 2	마 19-21	마 22-24	마 25-28	막 1-5	막 6-10	막 11-16
34주	5권 3강	복음서 3	눅 1-4	눅 5-8	눅 9-12	눅 13-16	눅 17-20	눅 21-24
35주	5권 4강	복음서 4	요 1-4	요 5-8	요 9-12	요 13-16	요 17-19	요 20-21
36주	5권 5강	사도행전 1	행 1-3	행 4-5	행 6-8	행 9-10	행 11-13	행 14-15
37주	5권 6강	사도행전 2	행 16-18	행 19-20	행 21-22	행 23-24	행 25-26	행 27-28
38주	5권 7강	로마서	롬 1-3	롬 4-6	롬 7-8	롬 9-11	롬 12-14	롬 15-16
39주	6권 1강	바울 서신 1	고전 1-4	고전 5-8	고전 9-12	고전 13-16	고후 1-3	고후 4-6
40주	6권 2강	바울 서신 2	고후 7-9	고후 10-13	갈 1-6	엡 1-3	엡 4-6	빌 1-4
41주	6권 3강	바울 서신 3	골 1-4	살전 1-5	살후 1-3	딤전 1-6	딤후 1-4	딛-몬
42주	6권 4강	일반 서신 1(히브리서)	히 1-3	히 4-6	히 7-9	히 10-13	약 1-3	약 4-5
43주	6권 5강	일반 서신 2(요한일서)	벧전 1-5	벧후 1-3	요일 1-3	요일 4-5	요이-요삼	유다서
44주	6권 6강	요한계시록 1	계 1	계 2-3	계 4-5	계 6-7	계 8-9	계 10-11
45주	6권 7강	요한계시록 2	계 12-13	계 14-15	계 16-17	계 18-19	계 20-21	계 22

성경읽기 스케줄
(이사야-말라기)

	영상	월	화	수	목	금	토
1주	이사야	사 1-5 아모스의 아들 이사야가 본 계시라	사 6-10 심판 속에 임하는 은혜	사 11-15 구원 노래, 감사 찬송, 심판 선언	사 16-20 열방에 드러날 하나님의 권능	사 21-25 성실함과 진실함으로 행하시는 주	사 26-30 그를 기다리는 자마다 복이 있도다
2주		사 31-36 너희는 여호와를 구하라	사 37-42 상상할 수 없는 하나님의 놀라운 은혜	사 43-48 큰 일을 행하시는 하나님	사 49-54 세상에 선포되는 하나님의 자비	사 55-60 여호와께 돌아오라!	사 61-66 공의와 자비의 하나님
3주	예레미야	렘 1-5 예루살렘에 선포된 심판과 탄식하는 선지자	렘 6-10 여호와께 순종하지 아니하는 이스라엘	렘 11-15 계속되는 경고와 표적	렘 16-20 차고 넘치는 유다의 죄악	렘 21-25 주께서 일으키실 한 의로운 가지	렘 26-30 분별력을 상실한 유다
4주		렘 31-35 이스라엘을 다시 세우고 영원한 언약을 세우리라	렘 36-40 시련이 이어지고 예언이 성취되다	렘 41-45 애굽은 너희의 방패가 되지 못하리라	렘 46-50 열방에 임하는 하나님의 진노	렘 51-52 예언이 실현되나 희망은 남고…	애 1-5 돌이키소서, 그리하면 돌이키리이다
5주	에스겔	겔 1-4 인자야, 너는 이스라엘에 말하라	겔 5-8 돌이키지 않는 백성에게 임박한 심판	겔 9-12 영광이 이스라엘을 떠나다	겔 13-16 의인도 자기의 생명만 건지리라	겔 17-20 헛된 것에 네 손을 벌리지 말라!	겔 21-24 행음한 이스라엘은 제 몫의 심판을 받으리라
6주		겔 25-28 암몬과 모압과 세일, 에돔과 블레셋, 두로와 시돈	겔 29-32 애굽에 임할 심판	겔 33-36 새 영을 너희 속에 두리라	겔 37-40 마른 뼈가 살아나리라	겔 41-44 새 성읍에 임한 하나님의 영광	겔 45-48 거기 계시는 하나님
7주	묵시문학과 다니엘	단 1-4 뜻을 정했던 사람들	단 5-8 세상을 통치하시는 하나님	단 9-12 세상의 마지막 때에 일어날 하나님의 역사	호 1-5 음란한 이스라엘	호 6-10 회개를 촉구하시는 하나님	호 11-14 이스라엘을 끝까지 버리지 않으시는 하나님
8주	소선지서	욜 1-암 3 요엘과 아모스의 외침	암 4-9 약자들의 억울함을 살피시는 하나님	옵 1-욘 4 이웃 나라들을 향한 하나님의 뜻	미 1-7 주께서 주실 진정한 평화	나 1-합 3 세상의 악에 대한 하나님의 답	습 1-3 모두에게 다르게 다가올 '여호와의 날'
9주		학 1-2 성전을 건축하라	슥 1-5 내가 너희의 영광이 되리라	슥 6-10 회복되리라	슥 11-14 구원이 임하리라	말 1-2 이스라엘을 향한 하나님의 경고	말 3-4 그가 임하시는 날을 누가 능히 당하랴

• **일러두기** 이 책에서 인용한 성경은 대한성서공회의 개역개정판을 따랐으며, 다른 판본은 따로 표기하였습니다.

목차

1

이사야

이사야에 들어가며

구약성경에는 많은 선지자들이 등장합니다. 그들 중에는 선지서를 기록한 열여섯 명의 선지자들이 있고, 선지서를 기록하지는 않았지만 이스라엘 역사 가운데 활동했던 수많은 선지자들이 있습니다. 그들은 누구였으며 그들이 전한 메시지는 무엇이었을까요? 선지자에 대한 정확한 이해가 있을 때, 우리는 이들을 통해 선포된 하나님의 말씀을 오해 없이 바르게 적용할 수 있습니다. 따라서 선지자의 직분과 역할을 이해하는 것은 구약성경의 선지서를 읽는 첫걸음이 될 것입니다. 이러한 이해를 바탕으로 구약성경의 첫 선지서인 이사야서의 핵심 메시지를 살펴보겠습니다.

이번 주와 다음 주에는 이사야서를 통독합니다. 성경수업을 통해서는 이사야 선지자가 활동한 시대 배경을 먼저 살펴볼 것입니다. 그리고 우리에게 가장 잘 알려진 세 본문인 '이사야의 소명'(6장), '위로의 메시지'(40장), '고난받는 종'(53장)을 중심으로 하나님이 선지자 이사야를 통해 주신 심판과 회복의 메시지를 이해하고, 이 말씀이 어떻게 예수 그리스도의 고난과 영광을 가리키는지 살펴보겠습니다.

리딩지저스 4권 1강: 이사야

QR코드를 찍으면 '이사야' 리딩지저스 영상으로 바로 연결됩니다. 또는 유튜브에서 '리딩지저스 이사야'를 검색하여 시청할 수 있습니다. '성경읽기'와 '성경공부'를 시작하기 전에 리딩지저스 영상을 시청하면 도움이 됩니다.

QR코드를 찍으면 **리딩지저스 오디오 바이블**로 연결됩니다. 45주 성경통독 일정에 맞추어 제작된 **오디오 바이블**을 통해 매일의 성경통독 분량을 부담 없이 완독할 수 있습니다. 그리스도 중심 성경읽기 《리딩지저스》와 함께하는 성경통독을 통해 하나님과 동행하는 하루하루가 되기를 소망합니다.

이번 주 성경읽기 스케줄

주일	리딩지저스 영상 시청, 성경수업 읽기			
	기본 읽기		핵심 읽기	
월	사 1-5장	완독	사 5장	
화	사 6-10장		사 9장	
수	사 11-15장		사 12장	
목	사 16-20장		사 20장	
금	사 21-25장		사 25장	
토	사 26-30장		사 26장	
	기본 읽기		핵심 읽기	
월	사 31-36장	완독	사 35장	
화	사 37-42장		사 40장	
수	사 43-48장		사 43장	
목	사 49-54장		사 53장	
금	사 55-60장		사 55장	
토	사 61-66장		사 64장	

아모스의 아들 이사야가 본 계시라

기본 읽기 이사야 1-5장
핵심 읽기 이사야 5장

이제 《리딩지저스》 4권을 읽으며, 선지서를 통하여 하나님이 우리에게 어떻게 말씀하시며, 특히 그리스도를 어떻게 밝히 드러내시는지를 살펴보겠습니다. 그 첫출발인 이사야서는 드라마로 비유하면 대하드라마와 같은 장엄함과 큰 스케일을 가진 책입니다. 이사야는 첫머리에서 "유다와 예루살렘에 관하여 본 계시"라고 예언의 범위를 한정하고 있지만, 이는 당시 복잡한 서남아시아 일대의 지정학적 사정을 다 반영하기 때문에 하나님의 심판은 비단 이스라엘뿐만 아니라 앗수르와 같은 나라들에게까지 미칠 것임을 분명하게 보여 줍니다. 하나님은 1장부터 5장에서 선지자를 통하여 이스라엘의 죄악을 강하게 비판하고 심판을 선언하시지만, 한편으로는 그 백성에게 구원을 베푸실 것을 함께 말씀하며 희망을 지우지 않으십니다. 이스라엘에게 임할 구원은 그리스도가 오심으로 비로소 완전하게 성취됩니다.

2일차 **심판 속에 임하는 은혜**

기본 읽기 이사야 6-10장
핵심 읽기 이사야 9장

웃시야 왕이 죽던 해에 이사야는 하나님을 뵙고 그분께 직접 사명을 받는 환상을 목격합니다. 이사야가 받은 사명은 백성에게 심판을 선언하는 것이었습니다. 특히 7장에 매우 중요한 장면이 등장합니다. 아하스 왕에게 하나님의 말씀을 전하던 이사야는 하나님의 명령을 거부하는 아하스에게 하나님이 친히 징조를 주실 것을 선언합니다. 처녀가 잉태하여 아들을 낳을 것인데, 그 이름을 '임마누엘'(하나님이 우리와 함께 계심)이라고 지으리라는 것입니다. 당시 국제정세는 심하게 요동치고 있었습니다. 유다 왕국은 강대국 애굽과 앗수르 사이에서 갈팡질팡했고, 하나님을 신뢰하라는 선지자의 권면을 거부하고 있었습니다. 하나님을 저버리고 불의를 서슴지 않고 행하는 하나님의 백성에게 하나님은 심판을 선언하십니다. 앗수르를 비롯한 침략자들은 멸망할 것이며, 하나님의 구원은 생각지 못하는 중에 임할 것입니다.

3일차 구원 노래, 감사 찬송, 심판 선언

기본 읽기 이사야 11-15장
핵심 읽기 이사야 12장

당시 서남아시아 일대의 초강대국이었던 바벨론과 앗수르의 칼이 유다의 목덜미로 향하고 있는 서늘한 상황에서 하나님은 항구적인 평화를 주리라 말씀하시며 이새의 뿌리에서 한 싹이 나고 남은 백성이 돌아올 것이라 말씀하십니다. 하나님의 말씀을 들은 선지자는 하나님께 감사의 찬송을 올려 드립니다. 그러나 하나님은 악인을 결코 좌시하지 않으십니다. 초강대국의 멸망이 당시로서는 상상할 수 없는 일이었지만, 바벨론은 그들의 죄악으로 인하여 멸망할 것이며, 앗수르와 블레셋, 모압 등이 심판을 받아 무너질 것이라고 하나님이 선언하십니다. 애초에 하나님을 경외하지도 않았던 이 민족들은 하나님이 이스라엘의 죄악을 심판하는 데 잠시 사용하시는 도구에 불과했습니다. 선지자는 이렇게 회복과 심판을 번갈아 가며 선언합니다. 하나님은 은혜의 주이시며 또한 공의의 주이십니다.

4일차 열방에 드러날 하나님의 권능

기본 읽기 이사야 16-20장
핵심 읽기 이사야 20장

하나님을 향한 믿음은 저버린 채 지역 강국으로 자리잡고 있던 북왕국 이스라엘이 앗수르에게 멸망을 당합니다. 그러나 하나님은 앗수르를 어디까지나 하나님의 도구로 사용하셨을 뿐이며 이스라엘을 완전히 버리신 것이 아니었습니다. 하나님은 나머지 민족들을 향하여서도 심판을 선언하십니다. 이들은 우상을 주로 섬겼으며, 약한 자들을 짓밟고 교만하게 행하는 등 하나님 앞에서 그 죄악이 차고 넘쳤기 때문입니다. 모압(15-16장)과 아람(다메섹, 17장), 구스(18장), 애굽(19장) 등에 하나님의 경고와 심판이 임합니다. 선지자는 하나님을 "만군의 여호와"라 칭합니다. 세상 권세는 기세등등하여 하나님의 백성을 압도하는 것처럼 보이지만, 하나님은 그 모든 권세를 압도하시는 세상의 주재이십니다.

5일차 성실함과 진실함으로 행하시는 주

기본 읽기 이사야 21-25장
핵심 읽기 이사야 25장

이스라엘의 주변 나라들에도 하나님의 심판이 임할 것이라고 선포됩니다. 바벨론과 두마, 아라비아와 환상의 골짜기, 두로와 시돈 등 당대의 강대국들은 물론 당시 유다 왕궁의 국고와 왕궁을 맡은 신하 셉나에게 하나님의 경고와 심판의 메시지가 임합니다. 바벨론은 군사 강국이며 두로와 시돈은 상인들의 힘으로 번성한 나라였지만, 이런 나라들도 하나님 앞에서는 예외가 없습니다. 경고와 심판의 메시지는 24장에서 극대화됩니다. 하나님은 땅을 공허하고 황무하게 하실 것이며, 그 땅에 거하는 이들은 슬픔에 울부짖게 될 것입니다. 선지자는 하나님의 메시지를 듣고 하나님의 왕 되심을 높이며 찬양을 올려 드립니다. 하나님은 심판을 선언하시지만 한편으로는 만민을 위하여 구원의 은혜를 풍성하게 베푸실 것이기 때문입니다. 이 예언은 그리스도가 오셔서 사망 권세를 무너뜨리심으로 성취됩니다.

6일차 그를 기다리는 자마다 복이 있도다

기본 읽기 이사야 26-30장
핵심 읽기 이사야 26장

선지자는 백성에게 또 다른 메시지를 선포합니다. 이스라엘이 하나님을 견고히 의지하라는 내용입니다. 선지자는 하나님이 자기 백성을 위하여 일하시는 분임을 말합니다. 하나님은 리워야단을 치시고, 백성을 불의와 죄악으로부터 회복시키십니다. 그러나 공의로우신 하나님은 이스라엘의 죄악에 대하여 심판을 내리실 것임을 분명히 하십니다. 에브라임의 교만함을 벌하시고, 그들을 붙잡히게 하실 것이며, 아리엘(예루살렘)을 괴롭게 하실 것입니다. 이들은 입술로는 하나님을 공경하지만 마음은 떠났으며, 술취하여 교만한 마음을 품었기 때문입니다. 또한 이들은 하나님이 아니라 애굽을 의지하여 그들과 맹약을 맺은 상황입니다. 하나님은 이러한 것이 헛되다고 경고하시며, 하나님을 기다리는 이들에게 복이 있음을 말씀하십니다.

7일차 너희는 여호와를 구하라

기본 읽기 이사야 31-36장
핵심 읽기 이사야 35장

당시 국제정세는 험악했습니다. 유다의 운명은 풍전등화였고, 유다의 주변 국가들은 앗수르와 애굽과 같은 강대국이었습니다. 이런 상황에서 하나님은 이들을 의지하지 말라고 단호하게 말씀하십니다. 앗수르는 칼에 엎드러질 것이며, 애굽도 의지하지 말라는 것입니다. 선지자는 여호와의 칼이 그들 위에 내렸음을 선포합니다. 지금은 그들이 강성해 보이지만, 하나님은 그들을 철저하게 심판하실 것이며, 이스라엘은 회복될 것입니다. 선지자는 슬픔과 탄식이 사라지고 영원한 기쁨과 즐거움을 얻을 것이라고 구체적으로 선포합니다. 그러나 앗수르의 대군이 유다 전역을 침공하고 결국 예루살렘까지 포위하기에 이릅니다. 앗수르 사람 랍사게는 유다의 하나님도 자신들에게 무릎 꿇을 것이라고 자신만만하게 외치며 하나님을 업신여깁니다. 하나님의 예언은 이루어질까요? 하나님이 이스라엘을 구원하실까요?

8일차 상상할 수 없는 하나님의 놀라운 은혜

기본 읽기 이사야 37-42장
핵심 읽기 이사야 40장

풍전등화 같았던 예루살렘의 운명 앞에서 히스기야는 하나님께 구원을 부르짖으며 앗수르가 하나님을 비웃은 것에 분노합니다. 그 밤에 하나님은 앗수르의 진중에 하나님의 사자를 보내셔서 하룻밤 새에 앗수르 병사들을 예루살렘에서 물러나게 하십니다. 그러나 히스기야는 바벨론에서 찾아온 외교사절들 앞에서 자신의 부유함을 자랑하는 어리석음을 보입니다. 이러한 그의 모습은 이스라엘의 현주소를 보여 주는 것만 같습니다. 이렇게 절망밖에 보이지 않는 상황에서 선지자는 하나님의 위로와 회복을 선포합니다. 하나님은 온 세상보다 크고 위대하시며, 자기 백성에게 은혜와 구원을 베푸시는 분입니다. 이제 그 하나님은 하나님이 택하신 한 사람을 보내셔서 백성을 회복하시고 이방에 정의를 베푸실 것입니다. 진정한 구원이 임할 것입니다.

9일차 큰 일을 행하시는 하나님

기본 읽기 이사야 43-48장
핵심 읽기 이사야 43장

이사야서는 40장을 기점으로 메시지의 전환을 맞이합니다. 39장까지는 심판과 꾸짖음이 주된 내용이었지만, 40장부터는 위로와 회복의 메시지가 핵심이 됩니다. 그러나 40장 이후의 메시지들이 전부 위로와 회복만을 담고 있지는 않습니다. 이러한 모습은 이스라엘을 향한 따뜻한 위로의 메시지와 함께 그들의 죄를 강력하게 고발하며 심판을 선언하는 43장에서 잘 나타납니다. 하나님은 이스라엘에게 "나 외에 다른 신이 없느니라"(44:6)라고 계속해서 선언하시며, 이스라엘을 위하여 큰 일을 행하실 것임을 말씀하십니다. 45장에서는 고레스를 들어 쓰실 것임을 선언하시고, 46장에서는 바벨론의 신들을 치실 것이라고 말씀하시며, 급기야 47장에서는 바벨론이 심판을 받으리라고 선언하십니다. 그리고 당시 사람들이 상상도 하지 못할 예언이 전부 실현됩니다.

10일차 세상에 선포되는 하나님의 자비

기본 읽기 이사야 49-54장
핵심 읽기 이사야 53장

하나님의 말씀이 이스라엘에게 계속해서 임합니다. 이스라엘은 회복될 것입니다. 비록 지금은 하나님의 심판을 받고 있지만, 이스라엘은 하나님의 구원을 맛보게 될 것입니다. 이전에는 하늘과 땅에 하나님의 심판을 선포하셨고 슬픔과 눈물을 말씀하셨지만, 이제 하나님은 기뻐하고 노래하라고 말씀하십니다. 이러한 하나님의 예언은 이스라엘이라는 민족을 넘어서서 온 인류를 향하여 선포됩니다. 53장에서는 하나님의 종이 심한 고난을 받는 것이 묘사됩니다. 이 말씀은 그리스도가 오셔서 십자가를 지시고 온갖 고난을 받으시는 것을 통해 신약에서 온전히 성취됩니다. 이렇게 하나님의 자비는 이스라엘에게, 그리고 이스라엘을 넘어 온 인류에게 선포됩니다. 그리고 이제 우리는 그리스도를 통하여 그 자비와 사랑을 온전히 맛보고 있습니다.

11일차 여호와께 돌아오라!

기본 읽기 이사야 55-60장
핵심 읽기 이사야 55장

하나님은 죄인들에게 심판만을 말씀하지 않으십니다. 하나님의 자비는 죄인들에게도 도달합니다. 하나님은 죄인들에게 "여호와께 돌아오라"라고 외치고 계시며, 그들이 하나님께로 돌아와 풍성한 은혜를 공급받기를 원하십니다. 이방 민족들도 돌아와 하나님의 은혜를 누리기를 원하십니다. 선지자는 이렇게 하나님께 돌아온 이들이 우상을 멀리하고 하나님의 율법을 진심으로 지키는 것을 원하신다고 선포합니다. 58장은 하나님이 기뻐하시는 금식은 어떤 것이며, 안식일을 지키는 것은 어떤 은혜가 있는지에 대해 자세히 이야기합니다. 한편으로 이스라엘의 죄악을 규탄하며 그들의 죄악이 하나님과 그들의 사이를 멀게 했음을 고발한 후, 그 백성을 구원하고 싶어 하시는 하나님의 뜻을 다시 들려줍니다. 이렇듯 이사야서는 공의로우시며, 자비로우신 하나님의 성품을 보여 줍니다.

12일차 공의와 자비의 하나님

기본 읽기 이사야 61-66장
핵심 읽기 이사야 64장

이사야 선지자가 선포하는 하나님은 백성의 죄악에 눈을 감고 계시지도 않으며, 백성을 자비 없이 심판만 하시지도 않습니다. 죄악에 대해서는 여전히 통렬한 회개를 촉구하시고 심판을 선언하시지만, 한편으로는 찢기고 상처 입은 것을 치유하고 회복하시는 분입니다. 이사야서의 마지막은 하나님이 예루살렘을 구원하시고 은총을 베푸실 것을 말하고 있지만(61-63장), 한편으로는 패역한 백성을 벌하시며 우상을 섬기며 악을 행하는 여러 민족을 향한 심판도 같이 기록합니다(65-66장). 그리고 이러한 예언 사이에 선지자가 하나님의 강림을 간절히 간청하는 기도가 기록되어 있습니다(64장). 특히 선지자는 65장에서 하나님이 주실 영원한 평화를 노래합니다. 이 평화는 그리스도가 오셔서 시작되었으며, 언젠가 우리 주님이 재림하시는 날 온전히 드러나게 될 것입니다.

2부

성 / 경 / 수 / 업

베임을 당해도
그루터기는
남는 것같이

그가 찔림은 우리의 허물 때문이요
그가 상함은 우리의 죄악 때문이라
그가 징계를 받으므로
우리는 평화를 누리고
그가 채찍에 맞으므로
우리는 나음을 받았도다
이사야 53장 5절

Lesson 1   하나님과 그 백성을 중보하다

모세에서
그리스도까지

성경에는 선지자의 임무를 설명하는 중요한 구절들이 있는데, 신명기 18장 9-22절이 그 대표적인 본문입니다. 본문이 하나님의 뜻을 알기 위한 방법을 말하며 '용납하지 않는 것'에 대한 언급으로 시작하는 것은 매우 흥미롭습니다. 하나님은 자기 백성인 이스라엘이 주변 국가들처럼 점치는 자나 무당, 신접자 등을 찾아가 그들의 말을 듣는 것을 금지하십니다.

> 네 하나님 여호와께서 네게 주시는 땅에 들어가거든 너는 그 민족들의 가증한 행위를 본받지 말 것이니…점쟁이나 길흉을 말하는 자나 요술하는 자나 무당이나 진언자나 신접자나 박수나 초혼자를 너희 가운데에 용납하지 말라(신명기 18:9-11)

> 네가 쫓아낼 이 민족들은 길흉을 말하는 자나 점쟁이의 말을 듣거니와 네게는 네 하나님 여호와께서 이런 일을 용납하지 아니하시느라 (신명기 18:14)

이스라엘은 구약 시대 동안 줄곧 모세 같은 '한' 선지자의 등장을 기대했고, 신약성경은 그 **'한' 선지자가 바로 예수 그리스도**로 오셨다고 증언합니다.

이어서 하나님은 그들 중에서 모세와 같은 선지자를 일으키실 것이라고 약속하십니다.

네 하나님 여호와께서 너희 가운데 네 형제 중에서 너를 위하여 나

[모세]와 같은 선지자 하나를 일으키시리니 너희는 그의 말을 들을 지니라(신명기 18:15)

이스라엘 백성이 따라야 할 선지자는 '그들' 곧 이스라엘 백성 중 한 명이어야 했습니다. 이는 외부 전문가에게 조언을 받는 것을 애초부터 제외시키는 것이었습니다. 발람과 같은 자들을 말이죠. 그러나 이스라엘에 속한 자라고 해서 아무나 해당하는 것이 아니었습니다. 그들은 모세와 같은 사람, 그들이 따라야 할 선지자를 찾아야 했습니다.

구약성경의 선지자와 선지서를 올바로 이해하려면, 먼저 모세가 구약성경 모든 선지자의 전형임을 이해해야 합니다. 나아가 후대에 오는 모든 선지자는 모세에 비추어 이해되었습니다. 첫째, 모세가 시내 산에서 하나님과 백성 사이에서 언약의 중보자 역할을 했듯이, 모세 이후의 선지자들도 하나님과 백성 사이에서 언약의 중보자 역할을 합니다. 모세가 그랬듯 후대의 선지자들도 언약을 깬 백성에게 반드시 임할 심판을 경고하면서, 그들이 언약 가운데 있는 하나님의 은혜로 돌아오도록 인도했습니다. 하나님은 모세에게 말씀하신 것과 같이, 후대 선지자들의 입에도 자신의 말씀을 넣으시고 모세처럼 하나님 말씀을 백성에게 전하게 하셨습니다. 하나님이 선지자들을 통해 말씀하신 방법은 모세를 통해 말씀하셨던 방법과는 달랐지만, 그렇다고 해서 선지자들의 말에 권위가 덜한 것은 아니었습니다. 하나님은 모세의 글인 모세오경을 주셔서 백성에게는 선지자의 말이 옳은지 판단하는 기준으로 삼게 하시고, 선지자들에게는 사역의 토대로 삼게 하셨습니다.

둘째, 하나님은 모세와 같은 '한' 선지자를 약속하셨습니다(신명기 18:15, 18). 하지만 모세 이후에 많은 선지자가 등장했음에도, 신명기 34장 10절은 "그 후에는 이스라엘에 모세와 같은 선지자가 일어나지 못하였나니"라고 말합니다. 따라서 이스라엘은 구약 시대 동안 줄곧 모세 같은 '한' 선지자의 등장을 기대합니다. 그리고 신약성경은 그 '한' 선지자가 바로 예수 그리스도로 오셨다고 증언합니다. 모세가 시내 산에서 하나님을 대면하고 얼굴이 빛났듯이, 예수님은 변화 산에서 거룩한 영광으로 빛나십니다. 그리고 그때 들렸던 명령은 이러했습니다.

> …이는 내 사랑하는 아들이요 내 기뻐하는 자니 너희는 그의 말을 들으라(마태복음 17:5)

이 명령은 신명기 18장 15절의 "너희는 그의 말을 들을지니라"라는 명령에 직접 대응하는 동일한 명령입니다. 즉 예수님은 하나님이 일으키겠다고 말씀하신 그 '한' 선지자로 여겨졌습니다. 이 연결은 동일하게 사도행전 7장 37절의 스데반 집사 이야기에서도 이어집니다.

> 이스라엘 자손에 대하여 하나님이 너희 형제 가운데서 나와 같은 선지자를 세우리라 하던 자가 곧 이 모세라(사도행전 7:37)

예언의 성취는 약속보다 더 완전하고 깊고 풍성합니다. 예수님은 단지 여러 선지자 중 한 명이거나 위대한 한 선지자가 아니십니다. 히브리서 저자가 전하듯이 하나님이 옛적에는 선지자를 통해 백성에게 말씀하셨다면, 마지막 때에는 그 아들을 통해 우리에게 말씀하십니다. 모세는 하나님 집의 종이었지만, 예수님은 하나님의 아들이시고, 모세를 비롯한 다른 모든 선지자보다 뛰어나신 완전한 선지자이십니다.

남유다 왕국의 몰락, 하나님의 심판과 위로

시대 배경과

메시지

이사야 선지자가 하나님의 부르심을 받아 사역을 시작한 시기는 아직 북이스라엘이 멸망하지 않은 때였습니다. 북이스라엘은 이로부터 약 18년 후인 기원전 722년에 앗수르에 의해 멸망하게 되는데, 이 시기에 이사야는 남유다를 향해 하나님의 말씀을 전합니다.

● **이사야 시대**

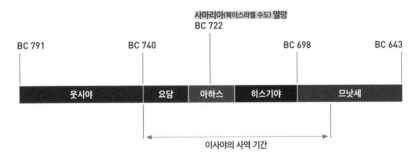

이사야의 사역은 웃시야 왕이 사망한 기원전 740년에 시작합니다. 유다 왕국의 웃시야는 전반적으로 좋은 왕이었지만, 통치 말년에 성전 향단에 분향을 하려다가 하나님의 심판으로 나병에 걸리게 됩니다. 그는 젊은 시절에 정치적으로 성공하여 50년 이상 통치하며 평화와 안정을 유지합니다. 하지만 앗수르의 새로운 왕 디글랏 빌레셀 3세가 등극하면서 말년에 무너지기 시작합니다. 게다가 유다 왕국은 내부적으로 심각한 문제까지 겪고 있었습니다. 사회적으로는 부자들이 가난한 자들을 억압했고, 종교적으로는 백성이 여호와에게서 멀어져 있는 상태였습니다. 이러한 상황은 웃시야의 아들 요담 왕을 거쳐 손자 아하스 왕 때까지 이어지면서 점점 더 악화합니다. 북이스라엘과 아람이 유다를 침략하자, 아하스 왕은 여호와를 믿으라는 이사야 선지자의 권면을 거부하고 앗수르에 도움을 요청합니다. 이때부터 유다는 사실상 앗수르의 종속국이 되어 버립니다.

이어서 왕위에 오른 히스기야는 집권 첫해에 종교·사회적 개혁을 실시하고 독립을 추구하지만, 앗수르의 새로운 왕 산헤립은 체계적으로 유다 지방을 점령해 옵니다. 그러다가 하나님이 산헤립의 군사 십팔만 오천 명을 죽게 하시자 산헤립은 도피하고 히스기야는 목숨을 건집니다. 하지만 이미 유다 땅 대부분은 앗수르에 의해 파괴된 후였습니다.

히스기야를 이어 그의 아들 므낫세가 왕위에 오르면서 유다는 최악의 상태가 됩니다. 므낫세는 히스기야가 지지했던 모든 것을 완전히 바꾸어 유다를 앗수르에게 종속시킬 뿐 아니라 앗수르의 신들을 받아들입니다. 심지어 성전 마당에 이방 신들을 위한 제단을 쌓고 자신의 아들을 우상의 제물로 바치는 악행을 저지릅니다(열왕기하 21:6). 결국 예루살렘 성전은 오염되고, 유대 전승에 의하면 므낫세는 이사야 선지자의 몸을 톱으로 갈라 죽입니다. 므낫세의 통치기는 유다가 회복될 수 없을 만큼 추락한 최악의 시기였습니다. 열왕기에 따르면 선한 요시아 왕이 이어서 등극하여 선정을 펼쳤음에도 므낫세 이후로 유다의 멸망은 불가피한 지경이 됩니다.

이사야가 사역해야 했던 시대가 바로 이런 시대였습니다. 이 같은 상황에서 선포된 이사야서의 메시지는 무엇일까요? 이사야서는 뚜렷하게 두 부분으로 나뉩니다. 앞부분(1-39장)은 유다를 향한 심판의 메시지이고, 뒷부분(40-66장)은 위로의 메시지입니다. 이러한 큰 틀 안에서, 주석가 베리 웹은 좀 더 상세하게 이사야서 전체를 일곱 부분으로 나눕니다. 사실상 열왕기 내용을 그대로 담은 36-39장을 이사야서의 중심부이자 전환점으로 삼고, 이 부분을 또다시 둘로 나눕니다. 앗수르가 유다를 침략하는 이야기인 36-37장은 앗수르의 위협을 해결하는 방안을 제시하면서 이사야서 전반부의 핵심을 이루고, 히스기야의 발병과 회복, 바벨론에서 온 사자들을 영접하는 내용인 38-39장은 이사야서 후반부의 핵심이 될 내용을 예시합니다. 이제 우리는 이사야서의 중요한 주제인 '이사야의 소명'(6장), '위로의 메시지'(40장), '고난받는 종'(53장)을 차례로 살펴볼 것입니다.

실패할 줄 알면서도

이사야는 성전을 방문하던 중에 부르심을 받고 하나님의 환상을 봅니다. 그 내용은 세 가지인데, 첫째는 하나님의 위엄에 대한 것이었습니다. 이사야는 주께서 높이 들린 보좌에 앉아 계시고, 그 옷자락은 성전의 방을 가득 채우고, 빛나는 천사들의 찬양 소리와 함께 성전에는 연기가 가득한 환상을 봅니다. 이사야에게 왜 이런 환상이 필요했을까요? 웃시야 왕이 죽은 상황에서 진정한 왕의 위엄 있는 모습을 백성에게 알릴 사명이 이사야에게 주어졌기 때문입니다. 앗수르와 바벨론과 같은 세상 권력을 자기 뜻대로 들어 사용하시고 다시 무너뜨릴 수 있는 진정한 왕은 하나님이시라는 것을 보여 주는 것이죠. 하나님의 위엄에 견줄 때 이방 나라들은 양동이 속 물 한 방울에 지나지 않기 때문입니다.

둘째로, 이 환상은 하나님의 거룩하심을 보여 줍니다. 스랍들이 "거룩하다 거룩하다 거룩하다"라고 세 번 반복해서 찬양하는데, 히브리어에서 반복은 무언가 중요한 것을 강조할 때 사용됩니다. 성경에서 이렇게 하나님의 속성을 반복하여 표현하는 곳은 여기뿐입니다. 위대하신 하나님은 그냥 거룩한 정도가 아니라 거룩으로 충만하신 분입니다. 그분의 이름을 찬양하는 스랍들에게 둘러싸인 거룩하신 하나님과 반역하는 나라에게 둘러싸인 거룩하지 못한 선지자가 극명한 대조를 이루는 장면입니다. 셋째로, 이 환상은 하나님의 영광을 가리키며, 자신의 영광을 만민과 세상에 가득 채우실 하나님을 보여 줍니다. 이 또한 선지자 이사야가 선포해야 할 메시지의 일부였습니다. 하나님은 자신의 영광을 다른 이와 나누시지 않는 분이고, 그분의 영광을 만민 앞에 드러내시는 분입니다. 하나님이 이스라엘의 영광 그 자체이시며, 영원한 빛이심을 보여 주는 것이죠.

하지만 이사야는 하나님이 어떤 분이신지뿐만 아니라 이런 사명을 감당할 자신이 누구인지도 알아야 했습니다. 이사야는 자신은 입술이 부정한 자로, 하나님의 위대함을 찬양할 자격이 없다고 말합니다. 그래서 이사야는 스스로 언약의 저주를 선포합니다.

> 그때에 내가 말하되 화로다 나여 망하게 되었도다 나는 입술이 부정한 사람이요 나는 입술이 부정한 백성 중에 거주하면서 만군의 여호와이신 왕을 뵈었음이로다 하였더라(이사야 6:5)

만물이 하나님을 찬양하고 자신도 그래야 한다는 것을 알았지만, 이사야는 자신이 이 거룩한 존재들과 함께 하나님을 찬양할 자격이 없다는 것을 알고 있었습니다. 나아가 주변에 있는 다른 이들의 죄가 그의 죄책감을 증폭시켰습니다. 종교인들은 종종 자신이 남보다 더 나쁘지 않기 때문에 하나님 앞에 받아들여질 것이라고 생각합니다. 하지만 이것은 마치 죄수가 자신이 다른 죄수들에 비해 살인을 덜 저질렀기 때문에 석방되어야 한다고 주장하는 것과 일반입니다. 그가 주변 사람들에 비해서 더 나을 수는 있겠지만 여전히 죽어 마땅한 자라는 사실은 변하지 않습니다. 그러나 이사야는 자신이 죄인인 것을 알았기에 이러한 착각에 빠지지 않았습니다.

또한 이사야는 하나님이 해 주신 일에 대해서도 알아야 했습니다. 천사가 제단에서 타고 있는 숯을 부젓가락으로 집어 이사야에게 다가와 그의 입술에 대는데, 이때 불타는 숯이 화상을 입히지 않고 오히려 그를 정결하게 합니다. 이사야가 하나님을 섬기도록 준비를 시키고, 하나님 말씀에 열정적으로 반응하도록 하는 정결함을 주신 것입니다. 더 나아가 이사야는 하나님이 앞으로 하실 일에 대해서도 알아야 했습니다. 하나님은 순종하지 않는 백성을 심판하시고 정화된 남은 자들을 만들어 내실 것입니다. 이사야는 넘치는 열정으로 이 일에 자원합니다.

…내가 여기 있나이다 나를 보내소서 하였더니(이사야 6:8)

우리는 이사야 6장을 읽을 때 이 결단에서 멈추고 싶어 합니다. 그러고는 하나님이 선지자에게 하시는 말씀을 놓쳐 버립니다. 하나님은 백성이 메시지를 깨닫지도 않고 반응하지도 않을 것이라고 말씀합니다(이사야 6:9-10).

여호와께서 이르시되 가서 이 백성에게 이르기를 너희가 듣기는 들어도 깨닫지 못할 것이요 보기는 보아도 알지 못하리라 하여(이사야 6:9)

여호와의 인내심은 한계에 다다랐고 이제는 심판만 남아 있었습니다. 이사야는 자신의 노력이 결국 실패할 것을 알면서도 마음을 다해 하나님의 은혜의 메시지를 전해야 했습니다. "주여 어느 때까지니이까"(이사야 6:11)라는 그의 질문은 이스라엘이 여호와께로 돌아와 회복될 것을 간절히

백성의 죄는 반드시 심판을 받아야 하겠지만, 주님은 심판이 아니라 소망이시며, 백성은 **나무처럼 베임을 당하여도 그 그루터기는 남을 것**이라고 이사야는 전합니다.

바라는 그의 마음을 표현합니다. 하나님은 죄에 대한 심판이 반드시 있어야 하며, 이 심판은 그들이 소중히 여기는 모든 것을 파괴할 것이라고 대답하십니다. 바로 약속의 땅에서 쫓겨나는 것이었습니다. 그러나 하나님은 심판이 아닌 소망의 말씀으로 마치십니다.

> …밤나무와 상수리나무가 베임을 당하여도 그 그루터기는 남아 있는 것같이 거룩한 씨가 이 땅의 그루터기니라…(이사야 6:13)

백성의 죄는 반드시 심판을 받아야 하겠지만, 주님은 심판이 아니라 소망이시며, 백성은 나무처럼 베임을 당하여도 그 그루터기는 남을 것이라고 말씀하십니다.

이처럼 이사야 선지자는 이스라엘에 하나님 말씀을 전하는 사람인 동시에, 여호와 앞에서 이스라엘을 대표합니다. 그는 백성처럼 입술이 부정한 자였지만, 그의 죄는 제단에서 핀 숯으로 제거되고 깨끗해집니다. 백성은 하나님의 심판을 받겠지만, 선지자가 정결해진 이 경험은 다른 결론을 기대하게 합니다. 그루터기에 해당하는 최소한의 사람들이 이사야처럼 자기 죄를 고백하고 여호와께 정결하게 해 달라고 구한다면, 그들의 죄도 깨끗해져서 정결한 자로 바뀔 것입니다. 이와 같이 이사야 6장은 심판 속에서도 빛나는 소망의 약속을 보여 주면서 이사야 전체의 중심 메시지를 드러냅니다.

하나님은 자기 백성을 아끼시며 구해 내신다

39장까지 선포된 심판의 메시지를 바탕으로 이사야서는 위로의 메시지를 전하기 시작합니다. 40장은 유배기에 이스라엘이 던졌던 두 핵심 질문을 다루는데, 1-11절은 "우리의 죄가 우리를 하나님으로부터 갈라놓았는가?"라는 질문을, 12-26절은 "우리의 추방은 이스라엘의 하나님보다 바벨론의 신들이 더 강하다는 증거인가?"라는 질문을 던지고, 27-31절에서는 그에 대한 결론을 내립니다.

> 너희의 하나님이 이르시되 너희는 위로하라 내 백성을 위로하라(이사야 40:1)

이사야 40장의 첫 구절은 40장 전체의 분위기를 형성합니다. "거룩하다 거룩하다 거룩하다"가 여호와의 거룩하심을 강조했듯이, 이사야 40장 1절은 "위로하라 내 백성을 위로하라"라고 반복하며 이사야 선지자의 강렬한 소명을 드러냅니다. 또한 하나님은 그들을 "내 백성"이라 부르시고 자신을 "너희의 하나님"이라 칭하시면서, 죄로 인해 그들이 하나님의 임재에서 분리된 듯 느껴지더라도 하나님의 돌보심은 끊어지지 않았으며 깨어진 관계도 회복될 것이라고 말씀하십니다.

그들이 죗값을 "배"(double, 40:2)로 받았다는 것은 그들 죄에 상응하는 대가가 정확히 치러졌다는 뜻입니다. 또한 하나님의 사자가 회복을 주시는 왕의 오심을 예비하도록 보내지는데(40:3), 이 장면은 왕이 방문하기 전에 기술자들을 먼저 보내 왕이 순조롭게 오도록 길을 예비하는 모습입니다. 또한 "여호와의 영광이 나타나고 모든 육체가 그것을 함께 보리라"(40:5)라는 말씀은 이 사건이 반드시 이루어질 것을 증명합니다. 모든 육체는 풀과 같지만 여호와의 말씀은 영원하기 때문에 선지자들을 통해 선포된 말씀은 반드시 성취될 것입니다(40:6-8). 이전에 어떠한 책략으로도 하나님의 심판을 피할 수 없었던 것처럼, 바벨론의 모든 강력한 힘으로도 자기 백성을 구원하고자 하시는 하나님의 계획을 막을 수 없기 때문입니다. 죄악으로 많은 비난을 받아 온 시온과 예루살렘도 하나님의 말씀이 전해지는 장소로 변화되어, 주변 도시들에게 위로를 전하고 궁극적으로는 전 세계 모든 이방인에게 하나님을 전할 것입니다(40:9). 그러면 주께서 권능으로 오셔서 통치하시고, 어려운 때를 신실하게 견딘 자들에게 상을 주시며, 또한 온유한 선한 목자로 오셔서 그의 양 떼를 보호하고 돌봐 주실 것입니다.

보라 주 여호와께서 장차 강한 자로 임하실 것이요 친히 그의 팔로 다스릴 것이라 보라 상급이 그에게 있고 보응이 그의 앞에 있으며 그는 목자같이 양 떼를 먹이시며 어린 양을 그 팔로 모아 품에 안으시며 젖먹이는 암컷들을 온순히 인도하시리로다(이사야 40:10-11)

이 주제는 12-31절에서 계속 이어집니다. 12-26절은 여호와의 위대하심을, 27-31절은 여호와의 은혜를 설명합니다. 실로 40장 전체는 27절의 질문, "내 길은 여호와께 숨겨졌는가?"에 대한 답입니다. 즉 하나님께 버림받았다고 느끼고, 하나님에게서 쫓겨났다고 느끼고, 삶이 기대한 대로 이루어지지 않는 이에게 전하는 위로입니다. 여호와는 자기 백성을 매우 아끼시며, 그들의 곤경을 알고 계시며, 그들을 구하실 능력이 있는 분입니다. 그래서 바벨론이나 앗수르에 포로로 잡혀갔다가 돌아왔다는 역사상 기록이 없는 일조차 행하시며, 여호와는 그를 기대하며 의지하고 기다리는 자들을 돌아오게 하시고 구원하십니다. 주께서 강한 자로 곧 오신다는 이 소식은 하나님과 적대적 관계에 있는 자들에게는 무시무시한 일일 것입니다. 그러나 자신이 하나님의 심판을 받아 마땅하다고 인정하는 자들, 타락한 세상에 살면서 죄의 아픔을 느끼는 자들, 이사야처럼 자신의 죄가 십자가를 통해 용서받는다는 사실을 아는 자들에게는 참으로 좋은 소식일 것입니다.

죄와 사망을 이기고 승리하려면

고난받는 종
53장

이사야 40장은 이제 53장으로 연결됩니다. 여호와가 그의 백성을 위로하시고 승리를 이루실 것이라는 말씀 앞에서 우리는 "어떻게 그것이 이루어질 것인가?"라는 질문을 하게 됩니다. 이사야 53장은 그 영광과 승리가 많은 사람들을 놀라게 하는 방법으로 성취될 것이라고 예언합니다. 바로 고난받는 종을 통해서이죠.

이를 기록하는 이사야 52장 13절부터 53장 마지막 절까지는 교차대구법 구조로서, 전체가 석 절씩 다섯 단락으로 나뉘고, 가운데 단락이 전환점으로 배열된 구조입니다. 첫째 단락(52:13-15)과 다섯째 단락(53:10-12)은 종의 승리에 초점을 맞추고, 둘째 단락(53:1-3)과 넷째 단락(53:7-9)은 고난받는 종의 현실에 집중하고, 중심에 위치한 셋째 단락(53:4-6)은 고난의 이유를 밝힙니다.

● **이사야 52:13-53:12의 구조**

본문은 전체적으로 죄와 사망을 이기신 여호와의 승리를 보여 줍니다. 특히, 우리를 대신해 순종하고 고난받는 종이 찔리고 상하고 징계를 받음으로써 이 승리가 이루어지고, 결과적으로 하나님이 온 세상 사람들에게 여호와의 영광을 드러내고 선포하시는 것을 나타냅니다.

첫째 단락은 이야기의 결말, 즉 고난받는 종의 결과에서 시작합니다. 고난 후에 종은 결과적으로 높이 받들어 들리는데, 우리는 여기서부터 이 승리를 보아야 합니다(52:13). 승리의 찬양은 패배의 고통으로 전환되는데, 그 패배가 너무나도 끔찍해서 사람들은 종의 상한 모습을 보며 매우 놀랍니다(52:14). 하지만 이 상황을 통해 종은 수많은 나라를 어둠에서 빛으로 바꾸어 그 땅들을 적실 것입니다(52:15).

하나님의 백성은 그를 믿지 않을 것입니다(53:1). 왜 그럴까요? 그가 마른 땅에서 나온 뿌리같이 "고운 모양도 없고 풍채도 없은즉 우리가 보기에 흠모할 만한 아름다운 것이" 없는 모습으로 오시기 때문입니다(53:2). 우리가 그 종의 아름다움을 보지 못하는 것은 우리의 도덕적 타락과 불순종이 얼마나 극심한지를 말해 줍니다. 또한 그는 "멸시를 받아 사람들에게 버림

받았으며 간고를 많이 겪었으며 질고를 아는 자"로서 하나님께 맞으며 고난을 당하십니다(53:3). 왜 종은 슬픔과 고통을 겪는 것일까요? 그 종이 겪는 슬픔과 고통은 곧 우리의 슬픔이고 고통입니다(53:4-6). 우리 죄와 허물로 인한 결과를 그가 대신해 짊어졌고, 우리는 양 같아서 각기 제 길로 가서 그가 대신 형벌을 받습니다. 동물처럼 끌려가 도살당하고 번제물로 바쳐졌으며, 정의도 박탈당하고 그 세대로부터 끊어져 장사되었습니다. 그런데도 자신을 방어하기 위한 입도 열지 않습니다(53:7).

그러면 이 종은 왜 이토록 부당한 고난을 받을까요? 10-12절은 그것이 여호와의 뜻이라고 말합니다. 나아가 종이 상함 받은 것을 기뻐하셨다고 말합니다. 그렇게 함으로써 "그의 손으로 여호와께서 기뻐하시는 뜻"을 성취할 수 있기 때문입니다(53:10). 하지만 어떻게 여호와는 이 고난을 기뻐하실 수 있을까요? 또 종은 어떻게 이것을 만족스럽게 여길 수 있을까요? 그 유일한 답은 부활입니다. 하나님은 부활을 통해 의를 이루시고 그의 의로움으로 많은 이들을 의롭게 하실 것입니다. 한 주석가의 표현처럼 "종은 하나님이 원하시는 것을 사람들에게 말해 주기 위해서가 아니라, 우리를 위해 하나님이 원하시는 모습이 되기 위해 오셨습니다." 그 모습이란 그리스도의 고난과 영광을 가리킵니다. 여호와는 자기 아들의 상함을 기뻐하시고, 그 아들은 자기 백성의 죄를 짊어지면서 고난의 결과에 만족해하십니다.

READING JESUS

리딩지저스
: 그리스도 중심으로 읽는 이사야

이사야 40장은 이사야처럼 자신이 하나님의 심판을 받아 마땅하다고 인정하는 자들, 자신의 죄가 십자가를 통해 용서받는다는 사실을 아는 자들에게 안겨 주는 참된 위로를 말합니다. 이는 그리스도가 자기 백성이 마땅히 받아야 할 고난을 스스로 받으셔서 그들을 죄에서 해방시키셨기 때문에 가능한 것입니다. 그리스도는 자기 백성을 위해 종으로 이 땅에 오셔서 그들이 받아야 할 고난을 대신 받으십니다. 우리 허물을 위해 그가 찔리셨고, 우리 죄악을 위해 그가 상하셨습니다. 예수님은 자신 앞에 놓인 기쁨을 바라보며 멸시와 수치 가운데서 십자가를 견디셨습니다. 그 기쁨은 무엇인가요? 바로 우리를 보시는 기쁨입니다. 세상 모든 나라와 방언과 족속의 죄가 씻기고, 그의 고난을 통해 하나님과 새로운 관계로 회복되는 기쁨입니다.

종이 고난을 통해 승리를 얻었다면 믿음으로 그와 연합한 자들도 마찬가지입니다. 그리스도인의 삶 가운데서 승리는 고난을 뜻합니다. 우리 삶을 다른 이들을 위해 내놓는 것을 의미합니다. 물론 우리의 고난은 예수님의 고난처럼 구원을 줄 수 없지만, 이 방법을 통해 하나님은 그의 영광의 복된 소식을 세상 끝까지 전하십니다. 신실하지 못한 예루살렘을 아름답고 신실한 새 예루살렘으로 바꾸시고, 그의 영광이 드러나게 하십니다.

모세가 시내 산에서 그랬듯이, 구약성경의 모든 선지자는 하나님과 백성 사이에서 언약의 중보자 역할을 합니다. 그중에서 대표적 선지자인 이사야는 웃시야 왕이 사망하는 해부터 유다의 가장 악한 왕으로 취급되는 므낫세 시대까지 사역했습니다. 이 같은 상황에서 선포된 이사야서의 메시지는 크게 두 부분으로 나눌 수 있는데, 첫째는 유다를 향한 심판의 메시지이고(1-39장), 둘째는 위로의 메시지입니다(40-66장).

먼저, 이사야는 성전 방문 중에 부르심을 받고 하나님의 환상을 봅니다. 그 환상은 하나님의 위엄과 거룩하심과 영광을 보여 주었습니다. 웃시야 왕이 심판받아 죽는 상황에서 유다 백성에게는 진정한 왕의 위엄 있고 거룩한 모습, 영광으로 가득 찬 모습이 필요했습니다. 동시에 이사야는 그런 하나님 앞에 서 있는 자신이 죄인이라는 사실과 그럼에도 죄인을 정결하게 하시는 하나님을 경험합니다. 백성이 그의 메시지를 쉽게 받아들이지 않아서 자신의 노력이 결국 실패할 것을 알면서도, 이사야는 마음을 다해 하나님의 은혜의 메시지를 전합니다.

유다 백성을 찾아올 하나님의 심판을 선포한 후(1-39장), 이사야는 위로의 메시지를 전합니다. 하나님이 그들을 "내 백성"이라 부르시고 자신을 "너희의 하나님"이라고 칭하시면서 비록 죄로 인해 하나님의 임재에서 분리된 듯 느껴질지라도 하나님의 돌보심은 끊어지지 않았고 관계도 회복될 것이라고 말합니다. 마지막 때에 시온과 예루살렘은 여호와의 말씀을 전 세계 모든 이방인에게 전할 것이며, 주께서 권능으로 오셔서 통치하시고, 어려운 때를 신실하게 견딘 자들에게 상을 주시며, 또한 온유한 선한 목자로 오셔서 그의 양 떼를 보호하시고 돌봐 주실 것입니다(40:1-11). 특히 주목할 내용은 53장입니다. 이 본문은 죄와 사망을 이기신 여호와의 승리를 보여 주는데, 우리를 대신해 순종하고 고난받는 종이 찔리고 상하고 징계를 받음으로 이 승리가 이루어지고, 결과적으로 하나님은 온 세상 사람들에게 여호와의 영광을 드러내고 선포하십니다.

그렇다면 이렇게 고난받고 영광을 드러내는 종은 누구인가요? 바로 예수 그리스도이십니다. 그리스도는 자기 백성을 위해 종으로 이 땅에 오셔서 그들이 받아야 할 고난을 대신 받으셨습니다. 우리 허물을 위해 그가 찔리셨고 우리 죄악을 위해 그가 상하셨습니다. 그럼에도 여호와는 그의 아들이 이렇게 상하는 것을 기뻐하셨고, 아들은 자기 백성의 죄를 짊어지면서 그 고난의 결과에 만족해하십니다. 예수님은 그분 앞에 놓인 기쁨을 바라보며 멸시와 수치 속에서 십자가를 견디셨습니다. 그 기쁨은 무엇인가요? 바로 우리를 보시는 기쁨입니다. 세상 모든 나라와 방언과 족속의 죄가 씻기고 그의 고난을 통해서 하나님과 새로운 관계로 회복되는 기쁨입니다.

❶ 모세는 다음 두 가지 이유에서 구약성경 모든 선지자의 전형이었습니다.

- (   ): 모세가 (   )에서 하나님과 백성 사이에서 언약의
  (   ) 역할을 했듯이 선지자들도 하나님과 백성 사이에서 언약
  의 (   ) 역할을 합니다.

- (   ): "네 하나님 여호와께서 너희 가운데 네 형제 중에
  서 너를 위하여 나와 같은 (   )를 일으키시리니 너희는
  그의 말을 들을지니라"(신명기 18:15, 18)

- 그러나 예수님은 (   )를 비롯한 다른 모든 (   )보다 뛰어나
  신 완전한 (   )이십니다. 성경수업 Lesson 1

❷ 이사야서의 구조는 간단하고 뚜렷하게 두 부분으로 나뉩니다. 성경수업 Lesson 2

유다를 향한 (   )의 메시지   (   )의 메시지

❸ 백성의 (   )는 반드시 심판을 받아야 하겠지만, 주님은 심판이 아니라 (   )이시며, 백성은 나무처럼 베임을 당하여도 그 그루터기는 남을 것입니다. 그루터기에 해당하는 최소한의 사람들이 이사야처럼 자기 (   )를 (   )하고 여호와께 (   )하게 해 달라고 구한다면, 그들의 (   )도 깨끗해져서 (   )한 자로 바뀔 것입니다. 성경수업 Lesson 3

❹ 여호와는 (   )를 기대하며 의지하고 기다리는 자들을 돌아오게 하시고 (   )하십니다. 그 소식은 자신이 하나님의 심판을 받아 마땅하다고 인정하는 자들, 타락한 세상에 살면서 (   )의 아픔을 느끼는 자들, 이사야처럼 자신의 (   )가 십자가를 통해 용서받는다는 사실을 아는 자들에게는 정말로 좋은 소식일 것입니다. 성경수업 Lesson 4

❺ 이사야 53장에 등장하는 종은 왜 그렇게 부당한 (   )을 받을까요? 그것이 여호와의 뜻이었기 때문입니다. 하지만 어떻게 여호와는 이 (   )을 기뻐하실 수 있을까요? 또 종은 어떻게 이것을 만족스럽게 여길 수 있을까요? 그 유일한 답은 (   )입니다. 하나님은 (   )을 통해 의를 이루시고 많은 이들을 의롭게 하실 것입니다. 성경수업 Lesson 5

정답

1. 중보자, 시내 산, 중보자, 중보자, 한 선지자, 선지자 하나, 모세, 선지자, 선지자 2. 1-39, 심판, 40-66, 위로 3. 죄, 소망, 죄, 고백, 정결, 죄, 정결 4. 여호와, 구원, 죄, 죄 5. 고난, 고난, 부활, 부활

❶ 성경통독에 참여하는 동안 하나님의 거룩하심과 영광에 감격했던 순간이 있나요?

❷ 하나님 앞에서 내가 죄인이라는 사실을 얼마나 기억하며 살고 있나요?

❸ 십자가를 통해 우리의 죄를 씻으시고 우리와의 관계를 회복시켜 주신 하나님과 동행하는 기쁨을 누리는 한 주간이 되기 위해서 내가 실천할 수 있는 것들을 나누어 봅시다.

❶ 성경 말씀에 기초해, 찬양과 감사의 기도를 드립니다.

> 너희는 귀를 기울이고 내게로 나아와 들으라
>
> 그리하면 너희의 영혼이 살리라
>
> 내가 너희를 위하여 영원한 언약을 맺으리니
>
> 곧 다윗에게 허락한 확실한 은혜이니라
>
> 이사야 55:3

❷ 일상의 변화를 소망하며, 회개와 결단의 기도를 드립니다.

❸ 서로를 위해, 또 교회를 위해 기도합니다.

시편 57편 1-5절

하나님이여 내게 은혜를 베푸소서 내게 은혜를 베푸소서

내 영혼이 주께로 피하되 주의 날개 그늘 아래에서

이 재앙들이 지나기까지 피하리이다

내가 지존하신 하나님께 부르짖음이여

곧 나를 위하여 모든 것을 이루시는 하나님께로다

그가 하늘에서 보내사

나를 삼키려는 자의 비방에서 나를 구원하실지라 (셀라)

하나님이 그의 인자와 진리를 보내시리로다

내 영혼이 사자들 가운데에서 살며

내가 불사르는 자들 중에 누웠으니

곧 사람의 아들들 중에라

그들의 이는 창과 화살이요

그들의 혀는 날카로운 칼 같도다

하나님이여 주는 하늘 위에 높이 들리시며

주의 영광이 온 세계 위에 높아지기를 원하나이다

2

예레미야

예레미야에
들어가며

모든 선지서가 각각의 절망적인 상황에 임한 하나님의 말씀이지만, 그중에서도 특히 예레미야서는 유다 왕국이 멸망으로 치닫던 모든 과정을 지켜본 선지자 예레미야를 통해 주신 말씀입니다. 그래서 예레미야는 눈물의 선지자로 알려져 있고, 예레미야서는 하나님 백성이 처한 절망적 상황을 무척 적나라하게 묘사합니다.

다른 선지서처럼 예레미야서도 궁극적으로 소망의 메시지를 전합니다. 온 세상을 다스리시는 하나님이 이방 나라를 잠시 사용하셔서 죄에 빠진 하나님 백성을 심판하시지만, 결국 다시 회복시켜 주실 것을 약속하기 때문입니다. 하나님은 죄로 무너져 버린 백성과 새로운 언약을 맺으시고, 그들에게 새로운 소망을 주십니다. 그리고 그 소망은 오직 하나님과 그분의 신실하심에 근거한 소망입니다.

이번 주와 다음 주에는 예레미야서와 예레미야애가를 통독합니다. 그리고 성경수업을 통해 예레미야 선지자가 활동한 시대 상황을 개관하고, 곧 임할 하나님의 심판을 선포해야 했던 예레미야의 사역과 혼란한 시대에 등장하는 거짓 선지자의 문제, 그리고 백성에게 주어진 회복의 메시지에 대해 살펴보겠습니다.

리딩지저스 4권 2강: 예레미야

QR코드를 찍으면 '예레미야' 리딩지저스 영상으로 바로 연결됩니다. 또는 유튜브에서 '리딩지저스 예레미야'를 검색하여 시청할 수 있습니다. '성경읽기'와 '성경공부'를 시작하기 전에 리딩지저스 영상을 시청하면 도움이 됩니다.

QR코드를 찍으면 **리딩지저스 오디오 바이블**로 연결됩니다. 45주 성경통독 일정에 맞추어 제작된 **오디오 바이블**을 통해 매일의 성경통독 분량을 부담 없이 완독할 수 있습니다. 그리스도 중심 성경읽기 《리딩지저스》와 함께하는 성경통독을 통해 하나님과 동행하는 하루하루가 되기를 소망합니다.

📖 이번 주 성경읽기 스케줄

주일	리딩지저스 영상 시청, 성경수업 읽기			
	기본 읽기		핵심 읽기	
월	렘 1-5장	완독	렘 1장	
화	렘 6-10장		렘 9장	
수	렘 11-15장		렘 13장	
목	렘 16-20장		렘 17장	
금	렘 21-25장		렘 24장	
토	렘 26-30장		렘 30장	
	기본 읽기		핵심 읽기	
월	렘 31-35장	완독	렘 31장	
화	렘 36-40장		렘 39장	
수	렘 41-45장		렘 43장	
목	렘 46-50장		렘 50장	
금	렘 51-52장		렘 52장	
토	애 1-5장		애 5장	

1일차 예루살렘에 선포된 심판과 탄식하는 선지자

기본 읽기 예레미야 1-5장
핵심 읽기 예레미야 1장

대부분의 선지서는 선지자가 자신의 신분과 하나님께 받은 사명을 언급하며 시작합니다. 예레미야서도 이러한 공식에 따라 1장에서 예언을 선포하는 자의 신분과 사명을 밝히며 시작합니다. 예레미야서는 유다와 예루살렘의 죄악을 향한 하나님의 추상같은 꾸짖음과 징계 선포로 시작됩니다. 하나님은 '끓는 가마의 환상'으로 시작하여 이스라엘 민족 전체의 죄악을 하나하나 열거하십니다. 조상의 죄악과 반역, 우상숭배, 음란과 행악을 지적하시지만, 또한 그들에게 하나님께 돌아오라고 강하게 외치십니다. 그러나 결국 차고 넘치는 죄악 때문에 하나님은 이스라엘을 버렸다고 선언하십니다. 이 과정에서 예레미야는 하나님께 소명을 받은 순간부터 괴로움과 슬픔으로 몸서리를 칩니다. 민족을 향한 심판을 선언하는 선지자의 괴로움을 과연 누가 짐작할 수 있을까요?

2일차 여호와께 순종하지 아니하는 이스라엘

기본 읽기 예레미야 6-10장
핵심 읽기 예레미야 9장

이스라엘의 죄악을 향한 하나님의 통렬한 지적이 계속해서 이어집니다. 하나님은 예루살렘에 심판이 임할 것을 명확하게 말씀하십니다. 한편으로는 회개하라는 말씀도 하시지만, 결국 하나님은 북방에서 한 민족이 쳐내려 올 것이라 선언하시며 예레미야에게 또 한 번 말씀하십니다. 예루살렘이 자행하는 거짓말과 우상숭배를 구체적으로 언급하시고 말씀에 순종하지 않는 백성에게 하나님이 어떻게 심판하실지를 다시 전하라고 하십니다. 하나님의 심판은 구체적으로 임할 것입니다. 유다의 왕들과 지도자들, 제사장들과 선지자들과 주민의 뼈를 무덤에서 끌어낼 것이며, 이스라엘 전 지역에 울부짖음이 임할 것입니다. 이러한 말씀을 들은 예레미야는 심히 번민하며 괴로워합니다. 예레미야 개인의 탄식은 하나님의 전능하심을 증거하는 선언 이후 백성의 탄식으로 변합니다.

3일차 계속되는 경고와 표적

기본 읽기 예레미야 11-15장
핵심 읽기 예레미야 13장

예레미야에게 하나님의 말씀이 계속해서 임합니다. 하나님은 여전히 이스라엘의 죄악을 통렬하게 고발하시고, 그들이 재앙을 피할 수 없음을 말씀하십니다. 11장에서 볼 수 있듯이 아나돗 사람들이 예레미야에게 예언을 하지 말라고 협박하는 장면은 왜 이들이 심판을 피할 수 없는지 스스로 증명하는 것만 같습니다. 하나님은 예레미야에게 베 띠를 허리에 띠고 가서 유브라데 물가에 묻었다 꺼내게 하시는데, 이 띠는 썩어서 못 쓰게 됩니다. 곧 하나님이 유다와 예루살렘의 교만을 이렇게 썩게 하실 것임을 보여 주는 표적입니다. 이후 하나님이 계속 주시는 말씀은 더욱 구체적이고 무서운 심판입니다. 예루살렘에는 큰 기근이 임할 것이며(14장), "죽이는 칼과 찢는 개와 삼켜 멸하는 공중의 새와 땅의 짐승"으로 백성을 벌하실 것입니다(15장). 이러한 말씀에 예레미야는 슬픔에 몸서리를 치며 자신의 고통을 하나님께 호소합니다.

4일차 차고 넘치는 유다의 죄악

기본 읽기 예레미야 16-20장
핵심 읽기 예레미야 17장

예레미야 16장부터 20장에는 유명한 비유들이 많이 등장합니다. "금강석 끝 철필로" 기록할 만큼 유다의 죄악은 깊이 새겨져 있으며(17장), 그러한 유다를 심판하시는 하나님의 주권은 마치 토기장이가 진흙으로 자신이 원하는 대로 토기를 빚을 수 있는 것과도 같고(18장), 한 번 깨진 옹기가 다시 복구가 안 되는 것처럼 예루살렘이 무너지리라고 합니다(19장). 이 비유들은 하나같이 유다의 죄악을 하나님이 고발함으로써 심판하실 권리가 하나님께 있음을 나타냅니다. 급기야 하나님은 심판의 도구인 기근이나 전쟁으로 가족이 죽어도 그 누구도 슬퍼하지 않을 것이기 때문에 결혼을 하지 말라는 무서운 말씀을 하십니다. 20장에서 바스훌이 예레미야를 겁박하는 모습은 유다는 심판을 받아 마땅하다는 것을 증명하는 것만 같습니다. 이 타락한 언약 백성은 이제 언약에 근거하여 심판을 받을 일만 남았습니다.

5일차 주께서 일으키실 한 의로운 가지

기본 읽기　예레미야 21-25장
핵심 읽기　예레미야 24장

시드기야 왕이 바스훌과 스바냐를 예레미야에게 보냅니다. 하나님께 간구하면 혹시라도 하나님이 구원을 베푸시지 않을까 하는 이들의 얄팍한 생각에서 그리했습니다. 그러나 하나님은 단호하게 심판을 말씀하십니다. 하나님은 생명의 길과 사망의 길을 두셨다고 말씀하십니다. 심판은 반드시 임할 것입니다. 살룸 왕과 여호야김 왕, 고니야 왕에게 심판이 임할 것입니다. 그러나 하나님은 미래에 다윗에게서 "한 의로운 가지"를 일으키셔서 구원을 행하실 것 또한 말씀하십니다 (23장). 이 말씀 후에 하나님이 예레미야에게 계속 주신 말씀은 구체적인 심판 선언입니다. 특히 성전 앞에 놓인 무화과 두 광주리를 보여 주시며, 유다에서 갈대아로 옮겨진 포로들은 좋은 무화과처럼 돌보실 것이나 나머지는 심판하신다고 하십니다. 이 "한 의로운 가지"에 대한 말씀은 그리스도의 초림으로 실현됩니다.

6일차 분별력을 상실한 유다

기본 읽기　예레미야 26-30장
핵심 읽기　예레미야 30장

유다에 하나님의 심판이 임할 것이라는 말씀이 계속 선포되고 있지만, 유다는 하나님께 그들의 죄악을 회개하기는커녕 영적인 분별력을 완전히 상실한 모습을 계속해서 보입니다. 예레미야가 성전 뜰에서 말씀을 전하자 유다의 고관들이 예레미야를 죽이려고 모여듭니다. 당시 유다에 경고의 메시지를 전했던 또 다른 선지자 우리야를 죽였듯이 예레미야를 해치려 합니다. 그뿐만 아니라 선지자 하나냐는 바벨론 왕의 멍에를 하나님이 꺾으실 것이라고 예레미야 앞에서 공개적으로 예언하며 예레미야를 공격합니다. 그러나 그의 예언은 거짓 예언이었습니다. 결국 하나냐는 하나님의 말씀대로 그 해 일곱째 달에 죽음을 맞습니다. 예레미야는 포로가 된 유다 사람들에게 회개를 촉구하는 편지를 보내는 한편 그들이 언젠가 돌아오리라는 하나님의 말씀을 전달합니다.

7일차 이스라엘을 다시 세우고 영원한 언약을 세우리라

기본 읽기 예레미야 31-35장
핵심 읽기 예레미야 31장

예레미야서의 내용이 온통 절망과 심판, 통곡으로만 채워진 것은 아닙니다. 하나님은 예레미야를 통하여 유다를 회복시키시며 새롭고 영원한 언약을 세우실 것이라고 지속적으로 말씀하십니다. 언젠가 유다는 회복될 것입니다. 그래서 하나님은 예레미야에게 아나돗의 밭을 사라고 말씀하십니다. 언젠가 이스라엘은 이렇게 다시 돌아와 포도밭을 거래할 수 있게 되리라는 것입니다. 이스라엘은 하나님과 맺은 언약을 어겼기 때문에 언약에 근거한 심판을 받을 수밖에 없었습니다. 그래서 하나님은 이스라엘과 새로운 언약을 맺을 것을 선언하십니다. 또한 하나님은 선조가 하나님께 했던 맹세를 대대로 철저하게 지켜온 레갑 자손을 보호하리라 선언하십니다. 이들에 대한 보호 선언은 이들과는 달리 언약을 어긴 이스라엘에 대한 심판 선언과 대조됩니다.

8일차 시련이 이어지고 예언이 성취되다

기본 읽기 예레미야 36-40장
핵심 읽기 예레미야 39장

36장부터 40장은 예레미야서 전체에서 가장 시련과 고난이 많이 펼쳐진 곳이라고 할 수 있습니다. 예레미야가 받은 시련과 고난이 가장 많이 등장하며, 드디어 하나님의 말씀이 성취되어 예루살렘이 함락되기 때문입니다. 예레미야는 서기관 바룩에게 자신의 예언을 정리할 것을 부탁하고, 그렇게 정리된 말씀이 여호야김 왕 앞에서 낭독되지만, 왕은 그 두루마리를 칼로 베어서 화로에 던져 태워버립니다. 바벨론이 예루살렘에 쳐들어와 여호야김을 붙잡아 가고 시드기야를 왕으로 세우고, 고관들이 예레미야를 붙잡아 가두고 구덩이에 던져 버리는 등 개인적인 시련이 예레미야에게 계속됩니다. 결국 바벨론 왕 느부갓네살의 군대가 예루살렘을 또 한 번 포위하고 기어이 함락시킵니다. 예레미야는 석방되고 고관들은 포로로 끌려가고, 총독이 세워지지만 이내 암살당합니다. 유다의 혼란은 극에 달합니다.

9일차 애굽은 너희의 방패가 되지 못하리라

기본 읽기 예레미야 41-45장
핵심 읽기 예레미야 43장

느다냐의 아들 이스마엘의 총독 그다랴 암살 사건은 어마어마한 파장을 일으킵니다. 이스마엘은 그다랴 편에 있는 사람들을 죽이거나 포로로 잡은 후 암몬으로 끌고 가려고 했으나, 군 지휘관 요하난이 중간에 이를 발견하고 이스마엘을 죽이면서 저지합니다. 그러나 무리들은 후환이 두려워 애굽으로 도망갑니다. 애굽에 있던 유다인들은 예레미야에게 몰려와서 하나님께 탄원을 요청합니다. 3일 뒤에 하나님은 애굽이 그들의 피난처가 결코 되지 못하며, 결국 그곳에도 바벨론이 침공할 것이니 유다에 남아 있으라고 응답을 주십니다. 그러나 그들은 불순종했고, 예레미야와 바룩을 끌고 애굽으로 내려가며 '우상에게 드렸던 제사를 끊자 자신들에게 재앙이 닥쳤다'면서 항변합니다. 이들은 끝내 하나님께 순종하지 않습니다. 하나님의 진노는 이제 애굽으로 향할 것입니다.

10일차 열방에 임하는 하나님의 진노

기본 읽기 예레미야 46-50장
핵심 읽기 예레미야 50장

46장부터 50장은 그동안 유다에 집중하여 선포되는 하나님의 심판이 유다의 이웃 국가들에게로 확산되는 모습을 보여 줍니다. 하나님은 애굽을 필두로 블레셋(47장)과 모압(48장), 암몬, 에돔, 다메섹(아람 왕국), 게달과 하솔, 엘람(49장)에 하나님의 심판을 선언하시고, 급기야 바벨론이 심판을 받고 멸망할 것을 선언하십니다(50장). 이 중 모압과 암몬, 바벨론을 향한 하나님의 진노가 상세히 기록됩니다. 모압과 암몬은 이스라엘의 형제 민족이었지만 유다가 멸망을 당할 때에 그들을 조롱했고, 우상을 섬겼습니다. 하나님은 이것을 잊지 않고 계셨습니다. 또한 바벨론은 그들이 유다에게 행한 대로 보복을 당할 것입니다. 열방은 하나님의 심판을 받게 되지만, 이스라엘은 하나님의 보호를 받으며 끝내 돌아올 것입니다. 하나님은 이스라엘의 하나님이시며 열방의 하나님이십니다.

11일차 예언이 실현되나 희망은 남고…

기본 읽기 예레미야 51-52장
핵심 읽기 예레미야 52장

50장에 기록된 바벨론을 향한 심판 선언은 51장에서 계속 이어집니다. 이스라엘과 유다가 하나님을 거역했지만, 그들은 하나님께 완전히 버림받은 것이 아닙니다(예레미야 51:5). 반면에 하나님은 바벨론을 그분의 도구로 잠시 쓰시기는 하였으나 그들에게 철저하게 보복할 것을 다짐하십니다. 바벨론은 끝내 황무지가 될 것입니다. 이후 "예레미야의 말이 이에 끝나니라"라는 기록은 선지자가 받은 예언이 모두 기록되었음을 보여 줍니다. 이어지는 51장은 시드기야가 바벨론을 배신함으로써 성이 함락되고 성전이 약탈당하고 백성이 사로잡히는 처절함을 기록합니다. 그러나 그 마지막은 사로잡힌 여호야긴 왕이 바벨론 왕 에윌므로닥에게 정중한 대접을 받으며 회복에 대한 실마리가 나타나는 것으로 마무리됩니다.

12일차 돌이키소서, 그리하면 돌이키리이다

기본 읽기 예레미야애가 1-5장
핵심 읽기 예레미야애가 5장

예레미야서는 예레미야애가로 내용이 이어집니다. 한글 성경에서 이 책의 제목은 '슬픔의 노래'라는 뜻의 '애가'(哀歌)로 번역되었습니다. 책의 이름답게 예레미야애가는 나라의 멸망에 대한 아픔과 하나님의 진노에 대한 슬픔으로 가득합니다. 빛나는 하나님의 도성이었던 예루살렘이 철저하게 무너져 쇠락한 모습을 바라보는 선지자의 마음은 어땠을까요? 그만큼 애가는 슬픔과 비장함으로 가득합니다. 그러나 애가는 단순히 슬픔만 노래하는 책이 아닙니다. 예레미야는 하나님께 민족의 죄악을 내어놓고 회개하며 긍휼을 베풀어 주시기를 간구합니다. 예레미야는 민족의 죄악을 회개하며 그들이 하나님께로 돌아오게 해달라고 애원합니다. 하나님은 긍휼이 넘치시는 분이기 때문입니다.

내게로
돌아오게
하리라

그러나 그 날 후에
내가 이스라엘 집과 맺을 언약은 이러하니
곧 내가 나의 법을 그들의 속에 두며
그들의 마음에 기록하여
나는 그들의 하나님이 되고
그들은 내 백성이 될 것이라
여호와의 말씀이니라
예레미야 31장 33절

Lesson 1   **예루살렘이 무너지고 성전마저 불타는 때에**

시대 배경과
구조

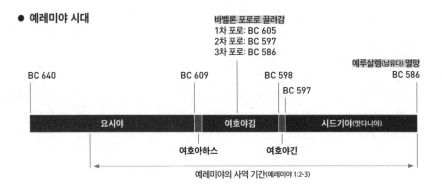

● 예레미야 시대

바벨론 포로로 끌려감
1차 포로: BC 605
2차 포로: BC 597
3차 포로: BC 586

예루살렘(남유다) 멸망
BC 586

BC 640   BC 609   BC 598   BC 597

요시야 / 여호야김 / 시드기야(맛다니야)

여호아하스   여호야긴

예레미야의 사역 기간(예레미야 1:2-3)

예레미야서를 시작하며 우리는 예레미야의 시대가 이사야와는 다른 시대라는 것을 기억해야 합니다. 예레미야는 이사야보다 조금 늦은 기원전 627년 요시야 왕 때부터 예루살렘이 바벨론에 의해 무너진 586년 마지막 왕 시드기야 때까지 활동한 선지자입니다. 이 시기는 유다 왕국이 극심하게 혼돈과 환난에 빠졌던 때입니다. 기원전 640년, 겨우 여덟 살의 나이에 왕위에 오른 요시야 왕은 그의 조부 므낫세와 아버지 아몬과는 정반대로 하나님을 신실하게 섬기면서 개혁을 일으킵니다. 요시야는 어느 날 성전을 수리하던 중에 율법책을 발견합니다. 신명기 말씀이 포함되었을 것으로 여겨지는 이 율법책은 요시야가 여호와께 드리는 제사를 개혁하는 계기가 됩니다. 대대적인 언약 갱신을 시행하는 요시야의 개혁은 유월절을 국가 기념일로 지키는 데서 정점에 이릅니다. 그리고 예레미야의 사역은 신명기에 기록된 이 언약 메시지를 다시 백성의 삶 중심에 자리 잡게 하는 어려운 일이었습니다.

요시야가 애굽 전투에서 죽자 여호아하스가 그 뒤를 잇게 됩니다. 하지만 얼마 지나지 않아 여호아하스가 애굽에 의해 폐위되고 여호야김이 왕위에 오르면서 요시야가 이룬 종교개혁은 모두 무너지게 됩니다. 기원전 605년 애굽이 갈그미스 전투에서 바벨론 느부갓네살 왕에게 패배를 당하고, 그 후로 유다는 느부갓네살에게 조공을 바쳐야 했습니다. 이는 유다 백성에게 매우 무거운 짐이었기에, 그들은 여기서 벗어나기를 간절히 바랐습니다. 기원전 601년 여호야김은 바벨론을 상대로 반란을 일으키지만 바로 패하게 됩니다. 그 후 여호야김이 죽고 그의 아들 여호야긴이 즉위하지만, 예루살렘이 바벨론에 점령당하면서 여호야긴은 폐위됩니다. 그는 바벨론으로 추방되고, 시드기야가 바벨론에 의해 마지막 왕으로 세워집니다.

하지만 유다 백성 중 대다수는 여전히 여호야긴을 그들의 왕으로 생각했고, 시드기야는 허수아비 왕이라고 생각했습니다. 그렇다고 해서 시드기야가 바벨론에게 고마워한 것도 아니었습니다. 시드기야는 기회가 생기자마자 바벨론에 반란을 일으켰고, 바벨론은 예루살렘을 포위합니다. 결국 기원전 586년 예루살렘 성벽이 무너지고 성전도 불에 타서 무너집니다. 그 과정에서 시드기야는 아들들이 죽임당하는 것을 지켜봐야 했고 자신의 두 눈도 뽑히게 됩니다.

예레미야는 이 모든 끔찍한 일들을 지켜보면서 선지자의 임무를 다해야 했습니다. 요시야 왕 때도 쉽지 않았지만, 그 이후 왕들의 시대에는 훨씬 더 큰 고통이 있었습니다. 예레미야와 그가 선포한 하나님의 말씀이 얼마나 무시당했는지를 잘 보여 주는 예가 있습니다. 예레미야 36장에서 예레미야에게 임한 말씀을 기록한 두루마리를 여호야김 왕에게 읽어 주자, 여호야김은 서너 쪽을 읽을 때마다 멈추고 칼로 두루마리를 베어 화롯불에 던져 태웠습니다. 바벨론이 승리할 것이라고 확언했던 그의 예언은 시드기야 시대에도 환영받지 못했고 오히려 반역처럼 들렸기 때문에, 그는 옥에 갇히고 진창에 던져지는 고통을 겪습니다. 예루살렘 멸망 후에는 바벨론에서 편히 은퇴할 수 있었지만, 바벨론 왕이 예루살렘 땅을 일구도록 남겨둔 가장 미천한 백성과 함께 예루살렘에 머물기를 택합니다. 그 후 그는 원치 않게 애굽으로 끌려가고, 그의 예언이 참이라고 증명되기 전, 바사 왕 고레스가 귀환을 허락하기 전에 애굽에서 죽음을 맞은 것으로 추정됩니다.

● **예레미야서의 구조**

1-25장	심판에 초점
26-52장	장래의 희망에 초점
37-44장	예루살렘 멸망 당시 주변 상황
45장	바룩에게 전한 메시지
46-51장	이방 나라들을 향한 예언
52장	예루살렘의 멸망과 여호야긴이 바벨론으로 잡혀가 선대받은 사건

이런 상황에서 기록된 예레미야서의 구조는 이사야서보다 훨씬 복잡합니다. 그 이유는 예레미야의 예언이 시간 순서가 아닌 주제에 따라 기록되

어 있기 때문입니다. 비슷한 내용의 본문들을 하나씩 모아 서서히 커다란 내용을 만들어 가기 때문에 어떤 주석가는 예레미야서의 내용 배치가 마치 눈덩이와 같다고 표현합니다. 예레미야서도 이사야서처럼 크게 두 부분으로 나뉘는데, 1-25장은 심판에, 26-52장은 장래의 희망에 초점을 둡니다. 그중 37-44장에는 예루살렘 멸망 당시 주변 상황에 대한 기록이 나오고, 45장에 바룩에게 전한 메시지가 간략하게 나온 후, 46-51장에는 이방을 향한 예언이 등장합니다. 책의 결론부인 52장은 예레미야서의 가장 중요한 초점인 예루살렘의 멸망을 다시 이야기하면서 여호야긴이 바벨론으로 잡혀가서 선대받는 모습으로 끝납니다. 이러한 마무리는 수십 년 전에 예레미야가 선포한 말씀이 참이었음을 증명합니다.

많은 이들이 듣기 싫어했던 그 말

**예레미야의
부르심과 사명**

예레미야서의 첫 장은 하나님이 예레미야를 선지자로 부르시는 내용으로 시작합니다. 예레미야는 아나돗의 제사장 집안에서 태어나는데, 아나돗은 예루살렘 성벽이 잘 보이는 지역이었습니다. 이사야가 그랬듯 예레미야 역시 강렬한 부르심을 경험합니다. 예레미야 1장은 예레미야가 모태에서 잉태되기도 전에 여호와가 이미 그를 아시고 선지자로 부르셨다고 기록합니다.

> 여호와의 말씀이 내게 임하니라 이르시되 내가 너를 모태에 짓기 전에 너를 알았고 네가 배에서 나오기 전에 너를 성별하였고 너를 여러 나라의 선지자로 세웠노라…(예레미야 1:4-5)

여기서 "알았고"라는 것은 단순히 예레미야가 어떤 사람이 될지 지식적으로 안다는 뜻이 아니라, 하나님이 그의 주인이 되시고 그가 하나님께 속해 있다는 뜻을 포함합니다.

예레미야가 선지자로서 받은 사명은 언약 백성과 약속의 땅에 거하는

많은 사람은 예레미야를 **허망한 유언비어**를 퍼뜨리는 사람으로 생각했고, 그의 예언을 공허한 위협이라고 여겼습니다. 하지만 여호와의 때가 이르면 이 위협은 그들에게 **참혹한 현실**이 될 것입니다.

사람들뿐 아니라 더 넓은 영역까지 뻗어 나가 하나님의 말씀을 전하는 것이었습니다. 물론 이것이 주변 나라들에게 반드시 좋은 소식은 아니었습니다. 하나님이 그의 선지자를 보내어 긍휼을 전하실 때도 있지만 심판을 전하실 때도 있었기 때문입니다. 그리고 예레미야의 사역은 후자에 더 가까웠습니다.

> 내가 이르되 슬프도소이다 주 여호와여 보소서 나는 아이라 말할 줄을 알지 못하나이다⋯(예레미야 1:6)

예레미야는 하나님께 선지자로 부르심을 받자마자 이의를 제기합니다. 하나님은 이런 예레미야에게 확신을 주시며 그가 어디를 가고 무엇을 하든지 함께하여 그를 구원할 것이라고 약속하십니다. 그리고 손을 내밀어 예레미야의 입에 대심으로 그에게 할 말을 주시고(예레미야 1:8-9), 또한 사명을 주십니다.

> 보라 내가 오늘 너를 여러 나라와 여러 왕국 위에 세워 네가 그것들을 뽑고 파괴하며 파멸하고 넘어뜨리며 건설하고 심게 하였느니라 하시니라(예레미야 1:10)

예레미야의 사명 가운데 "뽑고 파괴하며 파멸하고 넘어뜨리며"라는 네가지 부정적 측면은 장차 임할 심판에 대한 선언으로, 백성이 회개하고 여호와께 돌아오지 않으면 그들은 죄로 말미암아 멸망하게 될 것이라는 의미였습니다. 하지만 하나님은 남은 자들을 향한 선한 계획도 가지고 계셔서, 바벨론으로 쫓겨난 자들에게 미래에 대한 계획과 소망도 주십니다. 하나님은 파괴하신 것을 다시 '건설하고' 넘어뜨리신 것을 다시 '심으실' 것입니다. 이렇듯 가장 깊은 암흑기였지만 선지자의 사역이 전적으로 부정적이지만은 않은 것은, 하나님이 백성 중 남은 자들을 향한 그분의 계획을 보여 주시며 많은 환난 속에서 그들을 보호하실 것이기 때문입니다.

예레미야는 이런 하나님의 말씀을 더욱 선명하게 보여 주는 두 환상을 봅니다. 첫 번째 환상은 살구나무 가지 환상(예레미야 1:11-12)인데, '살구나무'의 어원에는 히브리어로 '주목하여 지켜보다'라는 뜻이 있습니다. 그 지역에서 봄에 처음 꽃을 피우는 것이 살구나무였기 때문에, 살구나무는 추운 겨울처럼 보이지만 봄이 오고 있다는 것을 말해 주는 상징이었습니다. 살구나무의 꽃이 새로운 계절을 알리는 신호인 것과 같이 하나님도 주목하여 자신의 말씀을 곧 성취하신다는 것을 환상을 통해 예레미야에게 보여 주신 것입니다. 두 번째 환상은 좀 더 위협적인 환상으로, 끓는 가마가 북쪽에서부터 기울어져 남쪽으로 부어지려는 환상(예레미야 1:13)입니다. 이는 북방 족속들이 예루살렘과 유다 성읍들을 친다는 뜻인데, 결국 이 예언은 느부갓네살이 예루살렘을 여러 번 공격하면서 그대로 성취됩니다. 중요한 것은, 어느 나라가 치느냐가 아니라 이 심판을 임하게 하신 분이 바로 여호와라는 사실이었습니다. 이러한 1장의 위협은 4장 5절부터 6장 26절에서 더 구체적으로 설명됩니다.

우리는 이 예언이 예레미야의 사역 초기에 선포된 말씀인 점에 주목해야 합니다. 당시 예루살렘은 앗수르의 위협을 받고 있었으나 유다를 향한 이러한 침입은 아직 실질적으로 이루어지지 않았던 때였습니다. 그래서 많은 사람은 예레미야를 허망한 유언비어를 퍼뜨리는 사람으로 생각했고, 그의 예언을 공허한 위협이라고 여겼습니다. 여호와의 때가 이르면 이 위협은 그들에게 참혹한 현실이 되어 예루살렘 성이 파괴될 텐데 말이죠. 그래서 이사야서처럼 예레미야서도 전반부에는 심판의 메시지로 가득합니다. 그렇다고 해서 소망에 관한 내용이 전혀 없는 것은 아니지만, 이러한 의미에서 예레미야서 전반부의 핵심은 하나님 백성의 죄로 인해 곧 임하게 될 심판을 선포하는 데 있습니다. 그리고 후반부에 이르러 여호와의 백성을 향한 희망을 보여 줍니다.

Lesson 3　　　# 하나님 아닌 것으로 하나님인 양

거짓 선지자
문제

예레미야서에는 이사야서에서 찾아볼 수 없는 몇 가지 두드러진 요소가 있습니다. 그 중 하나로 예레미야서는 거짓 선지자들에 관한 내용을 무척 강조하는데, 이는 이미 오래전 신명기에서 하나님이 경고하셨던 일입니다. 신명기 18장 20-22절에 따르면, 거짓 선지자들은 하나님이 허락하지도 부르시지도 않았는데 그분 이름으로 예언을 하거나 다른 신들의 이름으로 예언을 합니다. 신명기는 이를 분별하는 방법으로 그 예언의 '성취'를 살펴보라고 말합니다. 즉 선지자가 예언했는데 그대로 이루어지지 않는다면 그는 거짓 선지자라는 말이죠. 그래서 이스라엘은 선지자의 진위를 판단하기 위해 역사 속 사건들을 지켜보면서 기다려야 했고, 또한 선지서에는 '인증의 법칙'이라고 부를 수 있는 "그때에 내가 여호와인 줄을 그들이 알리라"라는 표현이 반복적으로 사용됩니다.

　신명기 13장 1-6절도 거짓 선지자 문제를 다루는데, 이 경우는 거짓 선지자의 메시지가 이적과 기사를 통해 증명된 것처럼 보이는 때입니다. 예언이 성취되지 않는 다른 거짓 선지자와 달리 어떤 거짓 선지자의 말은 실제로 성취되는 것처럼 보이기도 합니다. 이들은 이적을 베풀어 미래의 일

을 선포하거나 기적을 일으키는 기사를 행하기도 합니다. 그러나 이적과 기사가 설령 진짜라고 해도, 그가 하나님이 아닌 다른 신들을 섬기도록 가르친다면 그는 거짓 선지자이며, 하나님은 이런 거짓 선지자들을 돌로 쳐 죽이라고 명령하셨습니다.

예레미야는 이러한 거짓 선지자들을 여러 번 만나는데, 그 대표적인 예가 예레미야 27장과 28장에 나옵니다. 여기서 예레미야는 여호와의 명령을 따라 정치적으로 매우 정당해 보이지 않는 행동을 합니다. 에돔, 모압, 암몬, 두로, 시돈에서 예루살렘에 온 사신들에게 줄과 멍에를 만들어 주면서 그 이방나라들이 곧 바벨론이라는 멍에를 지고 섬기거나 완전히 멸망한다는 징표를 줍니다. 또한 시드기야에게도 똑같은 메시지를 전하면서 바벨론에 반란을 시도하는 어리석음을 범하지 말라고 경고합니다.

하지만 거짓 선지자 하나냐는 예레미야와 정반대로 예언하면서, 바벨론의 멍에는 2년 안에 꺾이며 이전에 빼앗겼던 성전 기구들은 원래 있던 자리로 돌아온다고 거짓된 예언을 합니다. 하나님의 말씀이 아닌 자기가 원하는 말을 한 것이죠. 이는 시드기야 왕이 듣고 싶어 했던 메시지였습니다. 하지만 예레미야는 하나님의 계획을 너무도 잘 알고 있었기에 하나냐를 거짓 선지자라고 선포하면서 그가 자신의 패역한 말로 인해 금년에 죽을 것이라고 말합니다. 그리고 하나냐는 정말 예레미야의 예언대로 죽습니다. 이 사건은 둘 중 누가 참된 선지자인지를 분명하게 보여 주는 구체적인 증거로서, 하나님이 주시지 않은 말씀으로 그분의 권위에 도전하는 행위를 하나님이 얼마나 심각하게 다루시는지를 보여 줍니다. 이러한 예언들은 이사야서에서 볼 수 있는 긍정적인 회개의 부르심과는 사뭇 어조가 다른데, 그 이유는 이러한 참담한 재앙이 이사야서에서는 아직 먼 미래의 이야기였지만 예레미야서가 기록될 때는 이미 임박한 재앙이었기 때문입니다.

거짓 선지자는 평안하지 않을 때에도 "평안하다, 평안하다"라고 말하며 하나님의 백성을 속이고, 그 결과 속이는 자와 속는 자 모두 죽음에 이르게 합니다. 이는 예레미야가 전한 말씀 중 가장 잘 알려진 말씀의 배경이 되기도 하는데, 바로 예레미야 29장입니다. 예레미야는 바벨론에 잡혀간 백성을 위로하기 위해 다음과 같은 내용의 편지를 보냅니다.

너희는 집을 짓고 거기에 살며 텃밭을 만들고 그 열매를 먹으라 아내를 맞이하여 자녀를 낳으며 너희 아들이 아내를 맞이하며 너희 딸이 남편을 맞아 그들로 자녀를 낳게 하여 너희가 거기에서 번성하고 줄어들지 아니하게 하라 너희는 내가 사로잡혀 가게 한 그 성읍의 평안을 구하고 그를 위하여 여호와께 기도하라 이는 그 성읍이 평안함으로 너희도 평안할 것임이라

만군의 여호와 이스라엘의 하나님께서 이와 같이 말씀하시니라 너희 중에 있는 선지자들에게와 점쟁이에게 미혹되지 말며 너희가 꾼 꿈도 곧이 듣고 믿지 말라 내가 그들을 보내지 아니하였어도 그들이 내 이름으로 거짓을 예언함이라 여호와의 말씀이니라

여호와께서 이와 같이 말씀하시니라 바벨론에서 칠십 년이 차면 내가 너희를 돌보고 나의 선한 말을 너희에게 성취하여 너희를 이 곳으로 돌아오게 하리라 여호와의 말씀이니라 너희를 향한 나의 생각을 내가 아나니 평안이요 재앙이 아니니라 너희에게 미래와 희망을 주는 것이니라 너희가 내게 부르짖으며 내게 와서 기도하면 내가 너희들의 기도를 들을 것이요 너희가 온 마음으로 나를 구하면 나를 찾을

것이요 나를 만나리라

이것은 여호와의 말씀이니라 나는 너희들을 만날 것이며 너희를 포로된 중에서 다시 돌아오게 하되 내가 쫓아 보내었던 나라들과 모든 곳에서 모아 사로잡혀 떠났던 그곳으로 돌아오게 하리라 이것은 여호와의 말씀이니라(예레미야 29:5-14)

바벨론으로 끌려간 이스라엘 백성은 전쟁이 곧 끝날 것이며 그들은 곧 본향으로 돌아가게 될 것이기 때문에 굳이 바벨론에 정착할 이유가 없다고 하는 거짓 선지자들의 말을 믿어서는 안 되었습니다. 오히려 그들은 칠십 년 동안 바벨론에서 살아야 했습니다. 그곳이 도시이든 교외이든 하나님이 그들로 있게 하신 곳이라면 그곳에서의 시간을 지혜롭게 보내야 했습니다. 그곳이 비록 하나님이 버려두신 광야 같을지라도 말이죠. 동시에 이스라엘 백성은 바벨론이 그들의 본향이 아님을 기억해야 했습니다. 바벨론에서 아무리 잘 지낸다고 해도 바벨론은 여전히 바벨론이었기 때문입니다. 그들은 하나님이 약속하신 칠십 년이라는 기한이 차 다시 자기들의 땅으로 돌아갈 날을 항상 바라봐야 했습니다. 바벨론을 뒤로하고 그들의 본향인 유다로 돌아갈 그날을 말이죠.

돌판이 아니라 마음에 새긴다

시내 산 언약과
새 언약

예레미야서에서 반드시 살펴봐야 할 또 다른 주제는 '새 언약'입니다. 멸
망 직전의 유다 왕국을 바라보아야만 했던 예레미야는 곧 다가올 재앙의
건너편에 무엇이 있는지에 대해 할 말이 많았습니다. 백성이 겪을 참혹한
환난은 그들이 자초한 것이었습니다. 여호와의 정결한 신부로 부름받은
이스라엘과 유다는 끊임없이 여호와를 저버리고 간음하였으며, 이제 여호
와는 그들에게 정식으로 이혼 서류를 내미셔야 할 지경에 이르렀습니다
(예레미야 3:8, 11). 하지만 이것은 여호와가 그들과의 관계를 끝내신다는 뜻
이 아니었습니다. 여호와는 여전히 그들의 남편으로서 이 모든 것을 되돌
리기 위해 신실하게 행하실 것입니다. 하나님과 그 백성의 혼인 관계는 신
부인 백성이 간음했다고 해서 파괴되는 관계가 아니라, 끊을 수 없는 연합
관계입니다. 따라서 여호와는 이 모든 상황을 되돌리는 일들을 행하실 수
있을 뿐 아니라, 반드시 행하셔야만 했습니다.

그렇지만 바벨론 유배 이후에 약속된 장래는 단순히 그들이 처한 상황
을 되돌려 원래대로 돌아가는 것이 아니었습니다. 조상과 자신들의 불순
종으로 인해 언약의 저주를 온몸으로 경험하고 있는 세대에게 "앞으로 신

멸망 직전의 유다 왕국을 바라보아야만 했던 예레미야는 **곧 다가올 재앙의 건너편**에 무엇이 있는지에 대해 할 말이 많았습니다. 이는 그들의 체질을 뼛속까지 바꾸어 놓으실 하나님의 새로운 일하심, 곧 **'새 언약'**에 대한 내용이었습니다.

실하게 살면 복을 받을 것이다"라는 말은 그다지 위로가 되지 않았을 것입니다. 오히려 예레미야는 그들의 체질을 뼛속까지 바꾸어 놓으실 하나님의 새로운 일하심에 대해 계속하여 말하는데, 이처럼 엄청난 하나님의 역사는 '새 언약'이라는 이름으로 불립니다. 예레미야 31장 31-34절은 이 새 언약의 내용을 기록합니다.

여호와의 말씀이니라 보라 날이 이르리니 내가 이스라엘 집과 유다 집에 새 언약을 맺으리라 이 언약은 내가 그들의 조상들의 손을 잡고 애굽 땅에서 인도하여 내던 날에 맺은 것과 같지 아니할 것은 내가 그들의 남편이 되었어도 그들이 내 언약을 깨뜨렸음이라 여호와의

말씀이니라

그러나 그 날 후에 내가 이스라엘 집과 맺을 언약은 이러하니 곧 내가 나의 법을 그들의 속에 두며 그들의 마음에 기록하여 나는 그들의 하나님이 되고 그들은 내 백성이 될 것이라 여호와의 말씀이니라

그들이 다시는 각기 이웃과 형제를 가리켜 이르기를 너는 여호와를 알라 하지 아니하리니 이는 작은 자로부터 큰 자까지 다 나를 알기 때문이라 내가 그들의 악행을 사하고 다시는 그 죄를 기억하지 아니하리라 여호와의 말씀이니라(예레미야 31:31-34)

　이 새 언약은 하나님이 시내 산에서 이스라엘 백성과 맺으신 언약과는 전혀 달라서, 하나님의 백성이 관계를 저버리면 언약이 깨어져 그들에게 저주가 임하는 그런 언약이 아닙니다. 여호와의 법을 돌판이 아니라 **그들의 마음에** 기록하는 언약이며, 하나님의 백성을 **내면에서부터 변화**시키는 언약입니다. 작은 자로부터 큰 자까지 하나님 백성 모두가 보편적으로 여호와를 알게 되는 언약입니다. 이 새 언약을 세우실 때 하나님은 백성의 죄를 용서하실 뿐 아니라, 다시는 기억하지도 않으십니다.
　동시에 이 새 언약은 시내 산 언약의 성취라고도 볼 수 있습니다. 특히 "나는 그들의 하나님이 되고 그들은 내 백성이 될 것이라"라는 언약의 핵심에 있어서 더욱 그렇습니다. 시내 산 언약이 순종하는 자들에게 약속한 모든 복을 새 언약이 성취하고, 또 시내 산 언약이 불순종하는 자들에게 경고한 모든 저주를 새 언약이 걷어 내는 결과를 가져올 것이기 때문입니다. 백성의 멍에가 끊어지고, 그들은 평안과 안전을 누리며 아무도 두려워할

필요가 없습니다. 그들은 치유를 경험하며, 곡식과 새 포도주와 기름을 거두고, 그들의 소와 양은 어린 새끼를 낳을 것입니다. 다시 말해서 새 언약은 시내 산 언약에서 '조건적으로' 누렸던 복을 '무조건적으로' 받는 그날을 바라보게 합니다. 하나님의 주권적인 긍휼과 은혜로 인해서 말이죠.

다윗 언약의 경우도 마찬가지입니다. 예레미야 22장 24-27절에 기록되었듯이 예레미야 선지자는 여호야긴에 대해 말하며 하나님이 다윗 가문에서 난 왕들을 완전히 버리셨다고 전합니다. 여호야긴도 그 뒤를 이은 시드기야도 백성에게 소망을 줄 수 없었습니다. 다윗 가문의 왕들이 지속적으로 범한 죄로 인해 백성은 이제 심판을 받고 바벨론에 포로로 사로잡혀 가서 그곳에서 죽어야 할 형편이 되었습니다. 그러나 예레미야 후반부에서는 다윗 언약을 다시 새롭게 할 날이 올 것이라는 약속의 말씀을 전합니다.

> 여호와의 말씀이니라 보라 내가 이스라엘 집과 유다 집에 대하여 일러 준 선한 말을 성취할 날이 이르리라 그날 그 때에 내가 다윗에게서 한 공의로운 가지가 나게 하리니 그가 이 땅에 정의와 공의를 실행할 것이라(예레미야 33:14-15)

하나님이 다윗과 맺으신 언약도 야곱과 맺으신 언약도 결코 깨어질 수 없습니다. 백성이 아무리 부정하게 행할지라도 말이죠. 왜냐하면 하나님이 그들과 맺으신 언약은 낮과 밤에 대한 언약처럼 결코 끊어질 수 없는 언약이기 때문입니다(예레미야 33:20-21).

그리스도가 이루시고 그와 연합한 우리도 함께

그렇다면 새 언약은 어떻게 성취될까요? 시내 산 언약에서 조건적으로 약속된 복을 아무런 조건 없이 받는 일이 어떻게 하면 가능해질까요? 신약성경을 통해서 비로소 그 비밀을 알 수 있습니다. 예수 그리스도가 새 이스라엘로 오셔서 시내 산 언약의 율법을 온전히 순종하시고 신실한 언약 백성을 대표하심으로써 새 언약이 이루어집니다. 따라서 누구든지 그리스도께 접붙인 바 되어 그리스도와 연합하고 그의 의를 덧입은 자들은, 그리스도가 이루신 순종으로 인하여 언약에 약속된 복을 받아 누리게 됩니다. 그런 면에서 새 언약도 일종의 행위 언약입니다. 하지만 우리의 행위가 아니라, 우리와 이스라엘을 대신해 순종하신 예수 그리스도의 행위인 것이죠.

히브리서 8장 8-12절은 예레미야 31장 31-34절을 인용하면서 하나님이 그리스도를 통해서 이스라엘 집과 유다 집을 위해 이루실 일을 말합니다. 여기서 히브리서는 모든 역사를 옛 언약의 시기와 새 언약의 시기로 구분하면서, 우리는 이제 새 언약의 시대를 살고 있다고 말합니다. 바로 그리스도의 오심으로 시작된 새 시대입니다. 히브리서는 그로 인해 우리가 누리는 특권에 대해 매우 강한 어조로 이야기합니다. 이제 우리는 참 장막으로 들어갈 수 있고, 또 하늘에 속한 새 시온 성에도 들어갈 수 있게 되었습니다. 이 모든 것이 이미 다 이루어졌기 때문에, 새 언약 시대를 사는 성도들은 약속이 완성될 마지막 날을 기다리는 것 외에는 더 기대할 것이 없습니다.

예레미야 31장이 말하려는 핵심은 백성의 죄로 인해 구약이 실패로 끝났다는 사실입니다. 이 실패는 이스라엘 모든 백성에게 해당하고, 옛 언약은 처음부터 실패할 수밖에 없었습니다. 하지만 그것이 이야기의 끝은 아닙니다. 그들의 죄로 말미암아 옛 언약이 완전히 깨졌음에도, 백성을 향한 하나님의 계획은 그들을 언약의 수호자요 언약을 가르치는 자로 변화시키기 때문입니다. 하나님은 그분의 율법을 그들의 마음에 기록하시고, 마음의 할례로 그들의 내면을 완전히 바꾸시며(신명기 30:6), 새 영을 그들에게 부어 주실 것입니다(에스겔 36:26-27).

신약성경은 이 모든 것이 그리스도를 통해 성취되었음을 보여 줍니다. 그래서 사도 바울은 스스로를 "새 언약의 일꾼"(고린도후서 3:6)이라고 부르고, 고린도 교회를 "하나님의 영으로" "마음판에" 쓴 편지라고(고린도후서 3:3) 부릅니다. 또한 예레미야는 새 언약을 통해서 하나님의 백성이 하나님을 아는 지식으로 충만해져서 더 이상 가르침을 받을 필요가 없게 된다고 말하는데(예레미야 31:34), 예수님은 이에 대해 요한복음 6장 45절에서 이렇게 해석하십니다.

선지자의 글에 그들이 다 하나님의 가르치심을 받으리라 기록되었은즉 아버지께 듣고 배운 사람마다 내게로 오느니라(요한복음 6:45)

예수님은 여기서 이사야 54장 13절을 인용하시면서 동시에 예레미야서에 나오는 새 언약에 관한 내용도 암시하십니다. 아버지께로 오는 자마다 아들이신 예수께로 나아오며, 모든 믿는 자들에게 임하시는 하나님의 영이 진리와 거짓을 분별할 능력을 주십니다.

READING JESUS

리딩지저스
: 그리스도 중심으로 읽는 예레미야

이스라엘이 이미 언약을 깨뜨렸다면 하나님은 어떻게 이 옛 언약을 성취하셔서 그분의 백성에게 복을 가져다 주실 수 있을까요? 구약성경은 이에 대해 두 가지로 대답하는데, 첫째는 하나님의 백성을 대신해서 고통을 받는 대속물이 있어야 하고, 둘째는 이스라엘을 대신하여 언약을 지킬 자가 있어야 합니다. 그래서 메시아로 오신 예수님은 이스라엘을 대표해 저주를 받으시고, 그 저주를 완전히 제거하기 위해 언약의 저주를 뜻하는 십자가에 달려 죽으셔야만 했습니다(신명기 21:23).

예수님이 십자가에 달리신 또 다른 이유는 단순히 하나님의 저주와 위협에서 백성을 해방하는 것만이 아니라, 언약을 지키는 자들에게 약속된 모든 복을 백성에게 주시는 것이었습니다. 이러한 복을 받을 수 있도록 메시아이신 예수님은 우리를 대신해 언약을 완전히 지키셨습니다. 그래서 예수님은 율법 아래 있는 자들을 구속하기 위해 율법 아래 있는 여자의 몸에서 태어나셔야 했습니다. 이렇듯 그분의 죽으심과 부활하심은 예수님이 이스라엘이 되어 유배와 회복을 경험하시고, 또한 전 생애를 통하여 토라(모세오경)에서 요구하는 모든 율법에 완전히 순종하셨음을 보여 줍니다. 그렇게 하심으로써 예레미야가 바라보았던 새 언약의 복이 하나님의 모든 백성에게 동일하게 임하게 되었습니다.

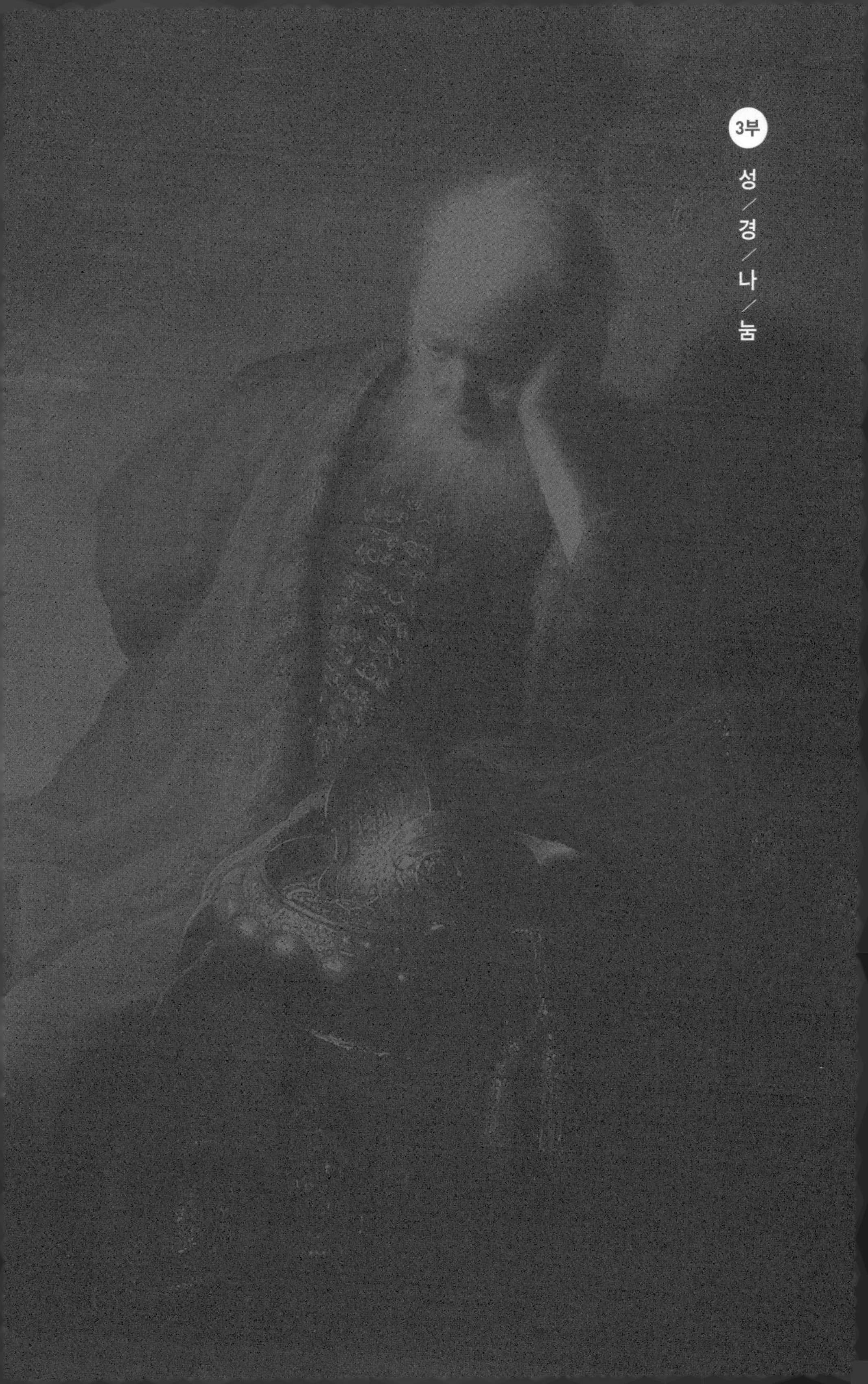

3부 성/경/나/눔

예레미야서는 기원전 627년 유다 왕 요시야 때부터 마지막 왕 시드기야 때까지 왕국의 내리막길을 지켜본 예레미야를 통해 임한 하나님의 말씀입니다. 개혁을 일으킨 요시야가 죽고 그 뒤를 여호아하스가 잇습니다. 그가 애굽에 의해 폐위되고 여호야김이 왕위에 오르면서 요시야가 이룬 종교개혁은 모두 무너집니다. 그 후 여호야김이 죽고 그의 아들 여호야긴이 즉위하지만, 그는 예루살렘이 바벨론에 점령당하면서 폐위되어 바벨론으로 추방됩니다. 시드기야가 마지막 왕으로 세워지지만, 기원전 586년에 예루살렘도 무너지고 성전도 불에 타면서 결국 유다 왕국은 무너집니다. 예레미야는 이 모든 비극적 상황을 지켜보면서 고통스러운 선지자의 임무를 감당해야 했습니다.

이런 상황에서 기록된 예레미야서는 이사야서처럼 크게 두 부분으로 나뉩니다. 1-25장은 심판에, 26-52장은 장래의 희망에 초점을 두고 있습니다. 그중 37-44장은 예루살렘 멸망 당시 주변 상황을 기록하고, 45장에 바룩에게 전한 메시지가 간략하게 나온 후, 46-51장에는 이방 나라들을 향한 예언이 등장합니다. 그리고 책의 결론부인 52장은 예레미야서의 가장 중요한 초점인 예루살렘의 멸망을 다시 이야기하면서 여호야긴이 바벨론으로 잡혀가서 선대받는 모습으로 끝이 납니다. 이러한 역사적 사건은 수십 년 전에 예레미야가 선포했던 말씀이 참이었음을 증명합니다.

예레미야서에는 이사야서에서 찾아볼 수 없는 몇 가지 주제가 있는데, 그중 가장 중요한 주제는 '새 언약'으로 31장 31-34절에 기록되어 있습니다. 여기서 말하는 새 언약이란 하나님이 시내 산에서 백성과 맺으신 언약과는 전혀 다른 언약입니다. 곧 하나님의 백성이 관계를 깨면 언약도 깨어져 그들에게 저주가 임하게 되는 언약이 아니라, 그들을 내면에서부터 변화시켜 여호와의 법을 그들의 마음에 기록하게 하는 언약입니다. 이 새 언약을 통해 하나님의 백성 모두가 보편적으로 여호와를 알게 됩니다.

그렇다면 이 새 언약은 어떻게 성취될까요? 시내 산 언약에서 조건적으로 약속된 복을 아무런 조건 없이 받는 일이 어떻게 하면 가능해질까요? 그것은 바로 예수님이 새 이스라엘로 오셔서 시내 산 언약의 율법을 온전히 순종하시고 신실한 언약 백성을 대표하심으로써 이루어집니다. 따라서 누구든지 그리스도께 접붙인 바 되어 그리스도와 연합하고 그분의 의를 덧입은 자들은, 그리스도가 이루신 순종으로 인하여 언약에 약속된 복을 받아 누리게 됩니다. 그런 면에서 새 언약도 일종의 행위 언약입니다. 하지만 우리의 행위가 아니라, 우리와 이스라엘을 대신하여 순종하신 예수 그리스도의 행위로 말미암은 것입니다.

❶　예레미야서는 이사야서보다 구조가 훨씬 복잡한데, 그 이유는 예레미야의 예언이 (　　　　)가 아닌 (　　　)에 따라 기록되었기 때문입니다. 이사야서처럼 예레미야서도 크게 두 부분으로 나뉘는데, 1-25장은 (　　　)에, 26-52장은 (　　　　　　)에 초점을 둡니다. (성경수업 Lesson 1)

❷　예레미야의 사명은 1장 10절에 나타납니다. (성경수업 Lesson 2)

"보라 내가 오늘 너를 여러 나라와 여러 왕국 위에 세워 네가 그것들을 뽑고 (　　　) (　　　) (　　　　) 건설하고 (　　) 하였느니라 하시니라"

❸　신명기 18장 20-22절에 따르면, (　　　　　　　)들은 하나님이 허락하지도 않고 부르시지도 않았는데 그분 이름으로 예언하거나 다른 신들의 이름으로 예언합니다. 신명기는 이를 분별하는 방법으로 그 (　　　)의 성취를 살펴보라고 말합니다. 그래서 선지서에는 '(　　　)의 법칙'이라고 부를 수 있는 "그때에 내가 (　　　　)인 줄을 그들이 알리라"라는 표현이 반복적으로 사용됩니다. (성경수업 Lesson 3)

❹ 예레미야 31장 31-34절에 기록된 새 언약의 특징은 다음과 같습니다.

(성경수업 Lesson 4)

- (　　　)이 아니라 그들의 (　　　)에 기록하는 언약
- 하나님의 백성을 (　　　)에서부터 변화시키는 언약
- 예수 그리스도가 새 (　　　　)로 오셔서 시내 산 언약의 율법을 온전히 (　　　)하심
- 그리스도와 연합하고 그의 의를 덧입는 자들은 그리스도가 이루신 언약의 (　　　)으로 인하여 그 언약에 약속된 (　　　)을 누림

❺ "그러나 그 날 후에 내가 이스라엘 집과 맺을 (　　　　)은 이러하니 곧 내가 나의 법을 그들의 속에 두며 그들의 (　　　)에 기록하여 나는 그들의 (　　　　)이 되고 그들은 내 (　　　)이 될 것이라 여호와의 말씀이니라"(예레미야 31:33) (성경수업 Lesson 5)

정답

1. 시간 순서, 주제, 심판, 장래의 희망 2. 파괴하며, 파멸하고, 넘어뜨리며, 심게 3. 거짓 선지자, 예언, 인증, 여호와 4. 돌판, 마음, 내면, 이스라엘, 순종, 순종, 복 5. 언약, 마음, 하나님, 백성

❶ 우리는 구원받은 하나님 백성임에도 불구하고 종종 죄악으로 무너집니다.
그럴 때마다 나는 무슨 생각을 하나요?

❷ 자기 민족을 향하여 심판을 선언하며 회개를 외쳤던 예레미야처럼, 나는
나의 삶을 향하여 회개와 회복을 외치는 삶을 살고 있나요?

❸ 우리 마음에 새로운 언약을 새겨 주신 하나님의 은혜를 기억하며, 언약 백성다운 삶을 살기 위해서 한 주간 내가 실천할 수 있는 것들을 나누어 봅시다.

기도로 함께

소망하며

❶ 성경 말씀에 기초해, 찬양과 감사의 기도를 드립니다.

     너는 내게 부르짖으라 내가 네게 응답하겠고

     네가 알지 못하는 크고 은밀한 일을 네게 보이리라

     예레미야 33:3

❷ 일상의 변화를 소망하며, 회개와 결단의 기도를 드립니다.

❸ 서로를 위해, 또 교회를 위해 기도합니다.

하나님을 향한

찬양

시편 91편 1-8절

지존자의 은밀한 곳에 거주하며

전능자의 그늘 아래에 사는 자여,

나는 여호와를 향하여 말하기를

그는 나의 피난처요 나의 요새요

내가 의뢰하는 하나님이라 하리니

이는 그가 너를 새 사냥꾼의 올무에서와

심한 전염병에서 건지실 것임이로다

그가 너를 그의 깃으로 덮으시리니

네가 그의 날개 아래에 피하리로다

그의 진실함은 방패와 손 방패가 되시나니

너는 밤에 찾아오는 공포와 낮에 날아드는 화살과

어두울 때 퍼지는 전염병과 밝을 때 닥쳐오는 재앙을

두려워하지 아니하리로다

천 명이 네 왼쪽에서, 만 명이 네 오른쪽에서 엎드러지나

이 재앙이 네게 가까이하지 못하리로다

오직 너는 똑똑히 보리니

악인들의 보응을 네가 보리로다

3

에스겔

성경읽기 에스겔 1-48장
성경수업 마른 뼈가 살아남같이
성경나눔

에스겔서는 매우 어려운 책입니다. 교부 히에로니무스(Jerome)는 "과연 누가 이사야서, 예레미야서, 에스겔서, 다니엘서를 완전히 이해하고 충분히 설명할 수 있을까"라고 질문했고, 유대인들은 서른 살이 될 때까지는 에스겔서를 읽지 못하도록 했다고 합니다. 자칫 잘못 읽으면 오해할 수 있다는 두려움 때문이었죠. 그만큼 에스겔서가 어려운 책이라는 것을 인지하고 읽기 시작하면 어느 정도 도움이 될 것입니다. 또한 에스겔서의 내용은 기원전 586년 바벨론 유배 사건에 대한 반응으로, 하나님께 반역하는 백성에게 곧 다가올 재앙에 대한 경고와 멸망 후에 임하게 될 회복에 대한 이야기라는 큰 그림을 염두에 두고 읽기를 바랍니다.

이번 주와 다음 주에는 에스겔서를 통독합니다. 그리고 성경수업을 통해 하나님이 에스겔에게 보여 주신 여러 환상 중에 대표적으로 우리에게 잘 알려진 마른 뼈에 대한 환상(37장), 곡과의 전쟁에 대한 환상(38-39장), 예루살렘 성전에 대한 환상(40-48장)을 중심으로 에스겔서에 담긴 심판과 소망의 말씀을 살펴보겠습니다.

리딩지저스 4권 3강: 에스겔

QR코드를 찍으면 '에스겔' 리딩지저스 영상으로 바로 연결됩니다. 또는 유튜브에서 '리딩지저스 에스겔'을 검색하여 시청할 수 있습니다. '성경읽기'와 '성경공부'를 시작하기 전에 리딩지저스 영상을 시청하면 도움이 됩니다.

QR코드를 찍으면 **리딩지저스 오디오 바이블**로 연결됩니다. 45주 성경통독 일정에 맞추어 제작된 **오디오 바이블**을 통해 매일의 성경통독 분량을 부담 없이 완독할 수 있습니다. 그리스도 중심 성경읽기《리딩지저스》와 함께하는 성경통독을 통해 하나님과 동행하는 하루하루가 되기를 소망합니다.

📖 이번 주 성경읽기 스케줄

주일	리딩지저스 영상 시청, 성경수업 읽기			
	기본 읽기		핵심 읽기	
월	겔 1-4장	완독	겔 3장	
화	겔 5-8장		겔 5장	
수	겔 9-12장		겔 11장	
목	겔 13-16장		겔 16장	
금	겔 17-20장		겔 18장	
토	겔 21-24장		겔 22장	
	기본 읽기		핵심 읽기	
월	겔 25-28장	완독	겔 25장	
화	겔 29-32장		겔 29장	
수	겔 33-36장		겔 36장	
목	겔 37-40장		겔 37장	
금	겔 41-44장		겔 43장	
토	겔 45-48장		겔 47장	

1일차 인자야, 너는 이스라엘에 말하라

기본 읽기 에스겔 1-4장
핵심 읽기 에스겔 3장

에스겔서는 앞서 읽은 이사야서와 예레미야서와 비슷한 면도 있고 다른 면도 있습니다. 에스겔서는 앞의 두 선지서와 마찬가지로 심판과 회복을 선포하지만, 두 책과는 달리 매우 다양한 비유와 상징을 통하여 하나님의 말씀이 선포됩니다. 따라서 에스겔서는 꽤 어렵고 난해하게 보이기도 합니다. 에스겔서는 1장부터 4장까지 상징과 비유가 가득하며, 특히 하나님의 보좌와 그 영광을 기록한 1장은 매우 독특하고 강한 인상을 줍니다. 이어지는 2장에는 여느 선지서와 마찬가지로 선지자가 하나님께 부름을 받는 기록이 이어지며, 3장과 4장에는 하나님이 특별한 상징이나 비유로 이스라엘을 향한 심판을 선언하라고 지시하시는 내용이 연이어 등장합니다. 이렇게 하나님은 다양한 방법을 보여 주시며 에스겔이 이스라엘을 향한 파수꾼이 되어 그들에게 주의 뜻을 전하기를 원하십니다.

2일차 돌이키지 않는 백성에게 임박한 심판

기본 읽기 에스겔 5-8장
핵심 읽기 에스겔 5장

하나님은 에스겔에게 이발과 면도를 하여 터럭을 모으라고 하십니다. 이렇게 모인 터럭을 삼분의 일씩 나누어 하나는 성읍 안에서 불사르고 하나는 성읍 사방에서 칼로 치고, 나머지는 바람에 흩으라고 하십니다. 이는 이스라엘에게 장차 닥칠 운명을 보여 주시기 위함이었습니다(5장). 이렇게 이스라엘이 받을 심판을 그림으로 보이신 하나님은 왜 그런 심판을 결정하셨는지 강한 어조로 말씀하십니다. 이스라엘은 하나님을 섬기지 않았고 산당에서 우상을 섬기는 등 제멋대로 행동하며 하나님을 저버렸습니다. 따라서 이들은 그 행동에 대한 대가를 곧 치르게 될 것입니다. 그들이 섬겼던 신들은 산당과 함께 황폐해질 것이고 그들은 자신이 섬기던 우상들 앞에서 주검이 될 것입니다. 칼과 기근과 전염병으로 심판을 받고 슬피 울게 될 것입니다. 심판이 임박했습니다.

3일차 영광이 이스라엘을 떠나다

기본 읽기 에스겔 9-12장
핵심 읽기 에스겔 11장

이스라엘에 심판이 임박했음이 환상을 통하여 계속 제시됩니다. 이마에 먹으로 표시한 사람 외의 예루살렘 전체를 도륙하라는 하나님의 명령이 임한 환상이 보이더니(9장) 급기야는 1장에서 자세히 묘사되었던 여호와의 영광이 성전을 아예 떠나 버리는 환상까지 나타납니다(10장). 에스겔은 당시 고위 관리였던 야아사냐와 블라댜를 향한 경고와 함께 예루살렘에 대한 심판을 선포합니다. 그런데 그 말씀을 선포하던 도중 블라댜가 죽고, 에스겔은 하나님께 엎드려 큰 소리로 부르짖습니다. 그러자 하나님은 이스라엘의 회복을 말씀하시며, 이방 땅에서 하나님이 그들에게 친히 성소가 되리라고 말씀하십니다. 그러나 회개하지 않는 자들은 여기서 제외되어 심판을 받을 것입니다. 에스겔은 이스라엘이 포로가 될 것을 상징적으로 보여 주는 행동으로 하나님의 메시지를 전합니다.

4일차 의인도 자기의 생명만 건지리라

기본 읽기 에스겔 13-16장
핵심 읽기 에스겔 16장

하나님의 심판 선언은 당시 이스라엘에서 활동하던 거짓 선지자들에게로 향합니다. 하나님은 그들의 예언은 하나님이 보내신 것이 아님을 분명히 하시며 그들을 멸할 것이라고 하십니다. 또한 이스라엘에서 우상을 섬기는 이들에게 회개를 촉구하시며 그들을 향한 무서운 심판을 말씀하십니다. 불법을 행하는 나라에 노아와 다니엘, 욥이 있더라도 그들도 가족은커녕 자기 생명만 건지게 되리라는 것입니다. 하나님은 칼과 기근과 사나운 짐승과 전염병을 예루살렘에 내리셔서 심판하겠다고 선언하십니다. 불에 던질 땔감과 같은 처지인 이스라엘은 심지어 하나님께 가증하다는 비난을 받습니다. 하나님은 예루살렘을 음녀로 칭하며, 소돔과 사마리아가 회복될 것이라고까지 하십니다. 그러나 하나님은 예루살렘과 영원한 언약을 맺으리라고 하시며 회복의 여지를 남겨 두십니다.

기본 읽기 에스겔 17-20장
핵심 읽기 에스겔 18장

17장에는 독수리와 포도나무의 비유가 등장합니다. 독수리 한 마리가 포도나무 씨를 물가에 심자 그 씨가 자라서 나무가 되고 독수리에게로 뻗어 나갑니다. 그러나 다른 독수리가 등장하자 이 나무는 그 독수리에게 물을 얻고자 뿌리와 가지를 뻗어 나갑니다. 물가가 아니라 다른 엉뚱한 곳을 향하는 이 나무는 곧 말라 버리고 말 것입니다. 이스라엘이 당시 애굽에게 의지하는 태도가 바로 이 나무의 모양새와 같았습니다. 이스라엘이 하나님을 의지한다면 하나님은 높은 산에 심은 백향목처럼 안전하게 될 것입니다. 하나님은 이스라엘이 하나님과 맺은 언약을 상기시키시고, 그 언약을 어긴 이스라엘을 고발하십니다. 애굽 땅에서 그들을 인도하신 하나님을 따르기를 거부했으니 그들은 심판을 받게 될 것입니다. 그들이 살 길은 오직 하나님을 의지하며 그분께 그들의 손을 벌리는 것뿐입니다.

6일차 행음한 이스라엘은 제 몫의 심판을 받으리라

기본 읽기 에스겔 21-24장
핵심 읽기 에스겔 22장

하나님은 에스겔에게 예루살렘 사람들 앞에서 허리가 끊어지듯 탄식하라고 지시하시면서 그 이유를 물으면 다가올 재앙 때문이라고 답하라고 하십니다. 정말로 심판이 임박했습니다. 바벨론 왕의 칼이 다가올 것입니다. 하나님의 분노가 얼마나 큰지, 풀무 불 속에 각종 금속 덩어리를 모아서 녹이듯 하나님의 진노의 불길이 이스라엘을 녹여 버릴 것입니다. 특히 하나님이 분노하신 이유는 선지자와 제사장들, 그리고 그 땅을 위하여 세우신 고관들이 하나님을 섬기지 않고 약자들을 학대했기 때문입니다. 또한 사마리아와 예루살렘을 오홀라와 오홀리바라 부르시고 그들의 죄악을 낱낱이 고발하십니다. 이 와중에 에스겔의 아내가 죽음을 맞이하는데, 하나님은 그 장례를 조용히 치르라고 하십니다. 곧 이스라엘의 모든 자들은 그들의 장례를 이렇게 조용히 치르게 될 것이기 때문입니다.

7일차 암몬과 모압과 세일, 에돔과 블레셋, 두로와 시돈

기본 읽기 에스겔 25-28장
핵심 읽기 에스겔 25장

에스겔서의 메시지는 25장부터 그 대상이 조금 더 확대되기 시작합니다. 하나님은 암몬과 모압과 세일, 에돔과 블레셋에 임할 심판(25장)과 당시 무역 국가로 이름이 높던 두로에 대한 심판(26-28장)에 상당히 많은 부분을 할애하십니다. 암몬과 모압과 에돔은 유다가 심판을 받는 것을 좋아할 뿐만 아니라 심지어는 원수를 갚았기 때문에 하나님의 진노를 사게 되었고, 블레셋은 이스라엘의 숙적이어서 이스라엘의 원수들과 동조했기 때문에 심판을 받게 되었습니다. 두로는 바다의 섬에 건설된 도시였고, 한 번도 침략당한 적이 없었습니다. 그들은 교만하여 자신들이 하나님의 자리에 앉아 있다고 생각했습니다. 하나님은 이러한 교만함을 보시며 두로에 심판을 선언하십니다. 두로와 시돈의 죄악은 낱낱이 고발됩니다. 하나님은 이스라엘에 또 한 번 회복을 선언하십니다.

8일차 애굽에 임할 심판

기본 읽기 에스겔 29-32장
핵심 읽기 에스겔 29장

29장부터 32장은 애굽을 향한 하나님의 심판을 언급합니다. 애굽은 당대 최강의 나라였고, 바벨론과 대등하게 맞서는 것처럼 보였습니다. 그래서 이스라엘은 애굽을 의지했습니다. 그러나 하나님이 보시기에 이는 갈대를 지팡이로 삼는 것과도 같은 행동이었습니다. 곧 지팡이가 부러져서 그 주인을 다치게 하는 것처럼 애굽은 파괴되고 황폐하게 될 것입니다. 그들의 땅은 황폐해질 것이며, 강은 마르고 우상들은 철저하게 부서질 것입니다. 한때 레바논의 백향목과 같았으나 이제 철저하게 파괴되고, 도륙당한 앗수르처럼 애굽과 바로와 그의 모든 군대도 이와 같이 멸망할 것이라고 하나님은 선언하십니다. 바로는 용맹한 사자가 아니라 강에서 발로 물을 휘저으며 강을 더럽히는 악어와 같은 존재에 불과합니다. 애굽도 파괴된 여러 나라들처럼 무너져 내릴 것입니다.

9일차 새 영을 너희 속에 두리라

기본 읽기 에스겔 33-36장
핵심 읽기 에스겔 36장

하나님은 에스겔이 파수꾼의 역할을 하기 원하십니다. 하나님은 에스겔이 악인들에게 외치지 않아서 그들의 죄악으로 죽임을 당하면 그 핏값을 에스겔에게 찾겠으나, 에스겔이 외쳤음에도 불구하고 그들이 회개하지 않아서 죽임을 당하면 그들은 자기 죄로 죽임을 당하리라고 말씀하십니다. 이스라엘은 마치 양을 도살하여 제 배만 채우는 사악한 목자와 같습니다. 에돔은 형제 이스라엘의 멸망을 바라고 있습니다. 이제 양 떼의 주인이 거짓 목자들을 심판하시고 에돔과 세일 산을 황폐케 하실 것입니다. 그리고 이스라엘에는 회복이 임할 것입니다. 그들의 마음에 새 마음을 주시되 굳은 마음을 제거하고 부드러운 마음을 주셔서 그들이 주의 규례를 지키게 하실 것입니다. 이러한 회복은 그리스도가 오심으로써 비로소 온전하게 성취됩니다.

10일차 마른 뼈가 살아나리라

기본 읽기 에스겔 37-40장
핵심 읽기 에스겔 37장

하나님은 에스겔에게 두 가지 환상을 보이십니다. 그 유명한 '마른 뼈들이 다시 살아나고 두 지팡이가 하나가 되는 환상'(37장)과 '빛나는 성읍을 측량하는 환상'(40장)입니다. 계곡에 가득한 뼈들에 생기가 들어가자 뼈에 힘줄이 생기고 살이 오르고 가죽이 덮이더니 살아나 큰 군대가 되듯 이스라엘은 살아날 것입니다. 두 지팡이가 하나가 되듯 갈라진 두 나라는 하나가 될 것입니다. 북방에서 곡을 비롯한 침략자들이 등장하겠지만, 그들은 곧 하나님의 심판을 받아 멸망할 것입니다. 이스라엘에 진정한 회복이 임하는 것입니다. 이윽고 하나님은 에스겔에게 새 성읍을 측량하라는 환상을 주십니다. 에스겔은 새 성읍과 그 안의 성전을 자세히 측량합니다. 이제 하나님은 이스라엘에 온전한 회복을 주실 것입니다. 그 백성은 새 성읍에 거하며 하나님을 찬양할 것입니다.

11일차 새 성읍에 임한 하나님의 영광

기본 읽기 에스겔 41-44장
핵심 읽기 에스겔 43장

41장과 42장에는 새 성읍 안에 있는 성전과 서쪽 뜰 뒤에 있는 건물, 나무 제단과 성전에 난 문들, 그리고 제사장의 방과 성전 사면의 담을 측량하는 내용이 이어집니다. 이렇게 측량이 끝나자, 그를 데려왔던 "놋같이 빛난 사람"이 그를 동쪽을 향한 문으로 인도하고 그곳에서 에스겔 1장과 10장에서 목격한 하나님의 영광이 동문을 통하여 성전으로 들어가는 것을 보게 됩니다. 하나님은 에스겔이 측량한 모든 것을 백성에게 보이라고 명하시며 새로이 번제단의 규격을 정하시고 봉헌물을 비롯한 규례들을 정하십니다. 이어서 하나님은 에스겔에게 하나님의 영광이 임한 동쪽 문을 닫아 두라고 명하시고, 에스겔은 하나님의 영광이 성전에 가득한 것을 목격합니다. 또한 죄를 지은 레위인들의 제사장 직분을 박탈하되 성전을 수종드는 일은 계속 맡기시고, 사독의 자손들에게는 제사장 직을 계속 잇게 하십니다.

12일차 거기 계시는 하나님

기본 읽기 에스겔 45-48장
핵심 읽기 에스겔 47장

하나님은 새로 제비를 뽑고 구획을 나누게 하시며, 통치자들이 정의로운 통치를 하도록 새로운 규칙을 정하십니다. 새로운 정결례가 선포되고, 안식일에 대한 규례와 초하루에 대한 규례가 새로 선포됩니다. 하나님의 사람은 에스겔을 성전 부엌으로 이끌고 가 속건제와 속죄제 희생제물을 삶은 공간과 바깥 뜰을 보여 줍니다. 그리고 에스겔은 성전 문에 이르러 그곳에서 큰 물이 흘러 거대한 강이 되는 환상을 목격합니다. 새로 땅의 경계선이 정해지고 각 지파의 몫이 분배되고 거룩한 땅이 분배됩니다. 새 성읍의 이름은 하나님이 거기에 계시다는 뜻의 '여호와삼마'로 불리게 될 것입니다. 에스겔의 환상은 신약 시대에 예수님이 새로운 성전이 되어 주시고(요한복음 2장), 생수의 강을 흐르게 하심으로(요한복음 7장) 비로소 온전히 성취됩니다. 우리는 예언의 성취로 말미암은 복을 누리며 살고 있습니다.

2부

성 / 경 / 수 / 업

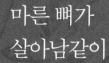

마른 뼈가
살아남같이

주 여호와께서 이 뼈들에게
이같이 말씀하시기를
내가 생기를 너희에게 들어가게 하리니
너희가 살아나리라
너희 위에 힘줄을 두고
살을 입히고 가죽으로 덮고 너희 속에
생기를 넣으리니 너희가 살아나리라
또 내가 여호와인 줄
너희가 알리라 하셨다 하라
에스겔 37장 5-6절

Lesson 1 예루살렘이 무너졌다는 소식

시대 배경과

구조

● 에스겔 시대

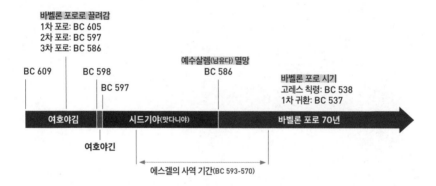

바벨론 포로로 끌려감
1차 포로: BC 605
2차 포로: BC 597
3차 포로: BC 586

예수살렘(남유다) 멸망
BC 586

BC 609

BC 598

BC 597

바벨론 포로 시기
고레스 칙령: BC 538
1차 귀환: BC 537

여호야김   시드기야(맛다니야)   바벨론 포로 70년

여호야긴

에스겔의 사역 기간(BC 593-570)

에스겔은 앞서 살펴본 이사야, 예레미야와 마찬가지로 남유다의 선지자였습니다. 이사야는 북이스라엘 멸망 즈음에, 예레미야는 남유다 멸망 때에, 그리고 에스겔은 예레미야와 비슷한 시기를 살아가며 시드기야 왕 때부터 활동한 선지자입니다.

에스겔서는 예루살렘의 멸망이라는 핵심 사건을 중심에 놓고 이스라엘의 암흑기를 배경으로 구성된 책이며, 하나님을 반역한 백성이 맞이할 재앙을 경고하고 멸망 후에 임할 회복을 전합니다. 예레미야서의 시대 배경은 에스겔서보다는 좀 더 이른 기원전 7세기로 패권이 앗수르에서 바벨론으로 넘어가던 시기였습니다. 기원전 627년에 마지막 황제 오스납발이 죽고 나서 앗수르는 바벨론의 느부갓네살 장군에게 점령당합니다. 그러고 나서 15년 뒤에 완전히 패망합니다. 한편, 유다 왕국에서는 선한 왕 요시야가 성전에서 발견한 율법책에 따라 시행했던 개혁이 기원전 609년 므깃도에서 요시야 왕이 죽으면서 함께 끝이 납니다. 그로 인해 유다 왕국은 잠시 애굽의 종속국이 되었다가 기원전 605년부터는 바벨론의 종속국이 됩니다. 바로 그때 유대인들이 1차로 바벨론에 포로로 끌려가는데, 그 무리 중에 에스겔과 다니엘도 있었습니다.

에스겔서는 1차로 바벨론에 포로로 잡혀간 이스라엘 백성에게 예루살렘의 멸망이 다가오고 있다고 알리는 예언의 말씀입니다. 결국, 기원전 586년에 시드기야가 바벨론에 반란을 일으키면서 유다 왕국은 주권을 상실하고 예루살렘은 멸망하는데, 이 모든 일은 하나님이 예레미야와 에스겔에게 이미 경고하신 바였습니다. 에스겔에게 주어진 사명은 매우 어려운 것이었습니다. 바벨론에 포로로 잡혀 온 백성에게 예루살렘이 멸망할 것을 전해야 했기 때문이죠. 사로잡혀 온 것도 서러운데 예루살렘이 무너진다는 예언은 그들에게 받아들이기 어려운 말씀이었을 것입니다.

에스겔서의 전체 구조와 내용은 대략 네 부분으로 나뉩니다. 1-3장은 에스겔 선지자의 부르심과 사명을, 4-24장은 유다와 예루살렘의 멸망이 곧 임한다는 예언을 기록합니다. 그리고 25-32장에는 주변 이방 족속이 심판받을 것에 대한 예언이 나오는데, 여기서부터 소망이 조금씩 보이기 시작합니다. 아브라함과의 언약에서 하나님은 "너를 축복하는 자에게는 내가 복을 내리고 너를 저주하는 자에게는 내가 저주하리니"(창세기 12:3)라고 약속하셨는데, 적어도 저주에 관한 부분은 여전히 유효하다는 것을 보여 주기 때문입니다. 이처럼 이방 민족을 향한 저주는 하나님 백성을 공격한 것에 대한 심판이었습니다. 마지막으로 33-48장은 백성과 땅을 향한 새 소망에 대해 말합니다.

● 에스겔서의 구조

1-3장	하나님의 부르심과 에스겔의 사명
4-24장	유다와 예루살렘의 멸망 예언
25-32장	이방 족속에 임할 심판 예언
33-48장	백성과 땅을 향한 새 소망

에스겔서 전체 구조의 전환점이자 중추가 되는 지점은 에스겔 24장입니다. 24장에서는 에스겔과 함께 바벨론에 포로로 잡혀 있던 백성에게 예루살렘이 멸망했다는 참담한 소식이 전해집니다. 24장 전까지 에스겔서의 메시지는 소망의 내용도 약간 포함하고 있었으나 주로 심판에 관한 내용이었습니다. 하지만 24장 이후부터는 주로 소망에 관한 내용을 전하면서 현실에 안주하지 말 것을 계속해서 당부합니다. 이제부터 1-3장, 37장, 38-39장, 40-48장에 나오는 에스겔의 주요 환상들을 살펴보겠습니다.

어디나 계시며 함께하시는 분

에스겔을 부르심
1-3장

다른 선지서처럼 에스겔서도 에스겔이 선지자로 사명을 받는 구체적인 장면으로 시작합니다. 에스겔 1장 1-3절은 에스겔 선지자가 사로잡혀 간 백성과 함께 머물며 바벨론 그발 강가에서 사역하는 모습을 보여 줍니다. 이로써 추방된 하나님 백성에게도 그분의 말씀이 임했다는 사실을 알 수 있습니다. 당시 고대 근동의 신들은 땅과 그 땅에 사는 사람들과 밀접하게 연결되어 있었습니다. 이런 면에서 에스겔의 사역은 매우 독특하고 중요했습니다. 예레미야서도 추방당한 백성에게 임한 하나님의 말씀이긴 했으나, 예레미야는 이스라엘 땅에 남아 있으면서 말씀을 전했습니다. 반면 에스겔서는 이방 땅에 함께 사로잡혀 간 선지자를 통해 여호와의 말씀이 백성에게 임하는 것을 보여 줍니다.

에스겔은 하늘이 열리는 환상 속에서 영화로운 하나님의 영광을 보는데, 이는 이사야의 환상과는 사뭇 대조적입니다. 이사야가 본 위엄이 가득한 환상이 정적이었다면 에스겔이 본 환상은 매우 동적이었습니다. 이사야는 성전에 앉아 계신 여호와를 보았지만, 에스겔은 바벨론에 사로잡혀 있는 백성에게 폭풍으로 임하시는 여호와를 봅니다.

내가 보니 북쪽에서부터 폭풍과 큰 구름이 오는데 그 속에서 불이 번쩍번쩍하여 빛이 그 사방에 비치며 그 불 가운데 단 쇠 같은 것이 나타나 보이고 그 속에서 네 생물의 형상이 나타나는데 그들의 모양이 이러하니 그들에게 사람의 형상이 있더라(에스겔 1:4-5)

이처럼 에스겔서는 하나님이 예루살렘 성전에 갇혀 계시지 않고, 살아서 역사하고 움직이시며 어디에나 계시는 분임을 보여 줍니다. 물론, 곧 무너질 예루살렘 성전을 생각할 때 이것이 좋은 징조만은 아니었습니다.

이 환상은 두 가지 주요한 이미지, 즉 역동적인 이미지와 심판의 이미지를 보여 줍니다. 여호와가 폭풍을 타고 불과 번개에 둘러싸인 용사의 모습으로 임하시는데, 여호와의 병거를 몰고 오는 폭풍은 유다 왕국의 원수들이 늘 거했던 북쪽에서 내려옵니다. 즉 하나님의 용사가 하나님의 백성을 심판하러 오시는 것입니다. 미국 서부영화의 한 장면처럼, 원주민들이 주인공이 탄 마차 주변을 빙빙 돌며 화살을 쏘고 있을 때 저 멀리에서 나팔 소리가 들리며 기병대가 달려오는데, 그들이 자기 편이 아니라 오히려 원주민들 편임을 깨닫는 격입니다.

에스겔서의 주요 환상은 여러 면에서 창세기를 배경으로 합니다. 강한 폭풍은 창조뿐 아니라 노아의 홍수를 생각나게 하고, 창세기 1장 6절에서 궁창이 나온 것처럼 그룹들의 머리 위로 궁창이 펼쳐진 것을 보여 줍니다(에스겔 1:22). 그리고 하나님의 광채는 비 오는 날 구름에 있는 무지개 같다고 묘사하면서(에스겔 1:28) 창세기 9장의 사건을 떠올리게 합니다.

그 생물의 머리 위에는 수정 같은 궁창의 형상이 있어 보기에 두려운데 그들의 머리 위에 펼쳐져 있고(에스겔 1:22)

그 사방 광채의 모양은 비 오는 날 구름에 있는 무지개 같으니 이는 여호와의 영광의 형상의 모양이라 내가 보고 엎드려 말씀하시는 이의 음성을 들으니라(에스겔 1:28)

이처럼 창세기와 연관된 구절들은 에스겔서가 역창조와 재창조를 보여 주고 있음을 확인시켜 줍니다. 또한 비구름에 초점을 두면서 무지개를 언급하는 내용은 흑암 중에 비치는 한 줄기 소망의 빛을 보여 줍니다. 예루살렘에는 곧 심판이 임할 것이고 하나님이 성전을 버리시겠지만, 그 하나님이 또한 바벨론으로 쫓겨난 백성 가운데서 잠시 함께 거하실 것입니다. 그리고 그분의 때가 이르면 그들을 다시 돌아오게 하실 것입니다. 에스겔 8-11장이 다루는 내용이 바로 이러한 이야기입니다.

먼저 에스겔 8장에서는 순차적으로 이어지는 네 단계를 자세히 보여 줍니다. 성읍 귀퉁이에서부터 성전 한가운데에 이르기까지 백성이 점점 더 가증한 일을 행하는 모습이 나타납니다. 여기서 네 가지의 장면은 곧 백성이 이방 민족에게서 가져온 네 가지 우상숭배를 가리킵니다. 점입가경으로 성전 한가운데에는 이스라엘의 핵심 인물들, 즉 이스라엘의 장로들이 여호와의 성전을 등지고 태양을 향해 절하고 예배합니다. 9장에는 여호와가 하늘에서 예루살렘을 멸하시는 장면이 나옵니다. 느부갓네살의 군대가 그들을 해하기 전에 먼저 하나님의 심판을 대행하는 자들이 임무를 수여받습니다. 10장에는 여호와의 영광이 성전을 떠나는 모습이 나옵니다. 이어서 11장에는 하나님이 단순히 예루살렘을 떠나신 것이 아니라 바벨론으로 쫓겨간 백성 가운데 함께하시며 그들에게 성소가 되실 것임을 말합니다.

그런즉 너는 말하기를 주 여호와의 말씀에 내가 비록 그들을 멀리 이방인 가운데로 쫓아내어 여러 나라에 흩었으나 그들이 도달한 나라들에서 내가 잠깐 그들에게 성소가 되리라 하셨다 하고 너는 또 말하기를 주 여호와의 말씀에 내가 너희를 만민 가운데에서 모으며 너희를 흩은 여러 나라 가운데에서 모아 내고 이스라엘 땅을 너희에게 주리라 하셨다 하라(에스겔 11:16-17)

Lesson 3　　**완전히 불가능한 기적**

마른 뼈 환상

37장

소망에 대해 말하는 에스겔 후반부인 37장은 마른 뼈 환상을 기록합니다. 죽음의 장소로서 바벨론에 있는 마른 뼈 골짜기는 예루살렘 성전이 있는 높은 산과 대조를 이룹니다(에스겔 40장). 이제 하나님의 백성은 이곳에서 건져 내어져 생명의 땅으로 들어가야 합니다. 에스겔 선지자는 마른 뼈 골짜기에서 완전히 무너져 버린 멸망의 현장을 봅니다. 그 골짜기에는 단순히 죽은 자들의 시체만이 아니라, 그 시체들의 바싹 마른 뼈로 가득한 것을 보게 됩니다.

그때 여호와가 선지자에게 "인자야 이 뼈들이 능히 살 수 있겠느냐"(에스겔 37:3상)라고 물으시는데, 그 물으심이 전혀 의미 없는 질문처럼 들릴 만큼이나 절망적인 현장입니다. 하나님의 백성은 그들의 죄로 인해 완전히 산산조각이 났고, 마른 뼈들에는 생기도 없으며 더 이상 이어 갈 이야기도 없어 보입니다. 하지만 선지자는 모든 것을 다스리시는 하나님의 권능과 은혜를 인정하면서 이렇게 대답합니다. "주 여호와여 주께서 아시나이다"(3절하). 여호와 하나님이 이런 마른 뼈들도 능히 살리실 분이라는 것을 에스겔은 알았기 때문입니다. 그러면 이런 뼈들이 어떻게 살아날 수 있

하나님은 **스스로 죽은 자라고 느끼는** 그들의 생각에 조금도 반박하지 않으시고, 오히려 그들이 죽은 자라는 사실을 더 확실하게 확인해 주시면서 **미래의 소망이 있다고** 확증해 주십니다.

을까요? 선지자가 여호와의 말씀을 선포할 때 "생기"(5절)가 들어감으로써 가능해집니다. 선지자가 하나님 말씀을 그대로 대언하자 즉시 하나님의 능력이 역사하면서 뼈가 서로 연결되고 그 위로 살이 오르고 가죽이 덮입니다(6-7절). 하지만 아직 그 속에 생기는 없습니다(8절). 마치 하나님의 말씀이 실패한 듯 보이고, 주관자 하나님조차도 어쩔 수 없는 것처럼 보입니다.

이어서 하나님은 두 번째 대언할 말씀을 선지자에게 주십니다(9절). 이번에는 생기가 사방에서 불어와서 하나님 백성에게 들어가 그들을 살아나게 하라고 명하십니다.

> 또 내게 이르시되 인자야 너는 생기를 향하여 대언하라 생기에게 대언하여 이르기를 주 여호와께서 이같이 말씀하시기를 생기야 사방에서부터 와서 이 죽음을 당한 자에게 불어서 살아나게 하라 하셨다 하라 이에 내가 그 명령대로 대언하였더니 생기가 그들에게 들어가매 그들이 곧 살아나서 일어나 서는데 극히 큰 군대더라(에스겔 37:9-10)

여기서 생기는 다시금 생명을 불어넣는 능력을 주고, 에스겔은 그 능력이 임하는 통로가 됩니다. 그는 이미 사역을 시작하면서 생기가 들어오는 경험을 했습니다. 에스겔은 하나님의 놀라운 위엄을 두 번이나 보고 나서 죽은 자처럼 땅에 엎드러졌는데, 두 번 모두 하나님의 영이 임해 그를 일으켜 세우셨습니다(에스겔 2:2; 3:24). 그리고 이제 마른 뼈들에게도 똑같은 일이 일어나고 있습니다. 에스겔이 먼저 경험한 일을 이제 새로워진 이스라엘이 경험하고 있는 것입니다.

이 환상의 의미를 알려 주는 예언의 말씀이 바로 뒤이어 나옵니다. 이 뼈들은 이스라엘 온 족속이며 그들은 이제 자신들이 처한 상황의 심각성을 인정하게 됩니다. 그들에게는 소망이 없었고, 그들은 생명의 근원되시는 하나님의 임재에서 끊어졌다고 느꼈습니다. 하지만 하나님은 스스로 죽은 자라고 느끼는 그들의 생각에 조금도 반박하지 않으시고, 오히려 그들이 죽은 자라는 사실을 더 확실하게 확인해 주시면서 미래의 소망이 있다고 확증해 주십니다. 미래의 소망이 확실한 이유는 그들이 성전을 다시 지으려고 노력했기 때문이 아니라 하나님이 그들을 구원하시고 성전을 다시 짓겠다고 작정하셨기 때문입니다.

Lesson 4　　**모든 나라가 다 일어나도**

에스겔 38-39장에는 이스라엘의 최후 대적을 상징하는 곡과 전투를 치르는 환상이 등장합니다. 여기서 곡은 메섹과 두발을 통치하는 마곡의 왕으로, 바사, 구스, 붓, 고멜, 도갈마 족속, 즉 온 땅에서 모인 이방 연합 군대의 총사령관입니다. 이 연합군을 구성하는 족속의 숫자가 모두 일곱이고 이들이 땅끝에서부터 모였다는 것은 우연이 아닙니다. 즉 곡은 이스라엘 역사에 등장하는 수많은 대적을 대변하는 존재인 셈입니다.

　에스겔 38장은 두발 왕 곡과 그의 동맹국들에게 하나님의 백성을 치라는 명령으로 시작합니다. 이 땅에 속한 연합군이 준비되고 하나님이 택하신 때가 이르자 하나님은 이들을 회복된 자기 백성에게 보내십니다. 그런데 이전의 경우와는 달리 악한 연합군의 공격은 이스라엘이 행한 죄 때문이 아닙니다. 지금 이스라엘은 여호와를 신뢰하고 여호와 안에서 안식을 누리며 이방 민족들을 의지하지 않고 있습니다. 하지만 여호와는 곡을 끌어내어 자기 백성을 치게 하시는데(에스겔 38:17), 그 이유를 이렇게 말씀하십니다.

에스겔 초반부에서 하나님의 백성에게 임했던 심판이 후반부에서는 하나님의 대적들에게 임합니다. 그렇게 해서 이제 **온 족속이 하나님이 여호와이신 줄 알게 될 것입니다.**

> …곡아 끝 날에 내가 너를 이끌어다가 내 땅을 치게 하리니 이는 내가 너로 말미암아 이방 사람의 눈 앞에서 내 거룩함을 나타내어 그들이 다 나를 알게 하려 함이라(에스겔 38:16)

하나님은 불경건한 나라를 심판하심으로 자신의 거룩함을 드러내시고, 자기 백성을 보호하심으로써 그분의 권능을 알리실 것입니다. 에스겔 초반부에서 하나님의 백성에게 임했던 심판이, 후반부에서는 하나님의 대적들에게 임합니다. 그렇게 해서 이제 온 족속이 하나님이 여호와이신 줄 알게 될 것입니다(에스겔 38:17-23).

에스겔 38-39장의 환상은 동서남북 땅끝에서부터 모여 연합군을 이룬 이 일곱 족속이 하나님의 백성에게 최종적으로 가할 공격을 보여 줍니다.

악한 세력의 최후 공격을 상징하는 이 세력들은 요한계시록 20장 8절에도 등장합니다.

> 나와서 땅의 사방 백성 곧 곡과 마곡을 미혹하고 모아 싸움을 붙이리니 그 수가 바다의 모래 같으리라(요한계시록 20:8)

그들은 동서남북 사방으로부터 모여서 하나님의 백성이 거하는 장막, 하나님이 사랑하시는 성읍을 향해 최후의 전투를 하려는 나라들을 뜻하며, 새 예루살렘이 성취되기 전에 먼저 이 일이 일어나야 한다는 것을 보여 줍니다. 에스겔과 요한계시록의 본문은 모든 것이 하나님의 주권 아래 있으며 궁극적인 승리는 하나님께 있다는 사실을 가르쳐 줍니다.

> 전에는 내가 그들이 사로잡혀 여러 나라에 이르게 하였거니와 후에는 내가 그들을 모아 고국 땅으로 돌아오게 하고 그 한 사람도 이방에 남기지 아니하리니 그들이 내가 여호와 자기들의 하나님인 줄을 알리라 내가 다시는 내 얼굴을 그들에게 가리지 아니하리니 이는 내가 내 영을 이스라엘 족속에게 쏟았음이라 주 여호와의 말씀이니라
> (에스겔 39:27-29)

에스겔 38-39장이 묘사하는 최후의 전투는 우리가 일상에서 경험하는 영적 전투와 본질적인 면에서 동일합니다. 모든 전투의 근원이 되는 이 전투는 믿는 자들이 일상에서 경험하는 전투와 단지 규모 면에서만 다를 뿐입니다. 에스겔서에서 회복된 이스라엘을 치려는 곡과 그를 따르는 악한 무리는 하나님의 백성을 멸하기 위해 끊임없이 노력해 온 사탄의 최종적

인 모습입니다. 따라서 에스겔 38-39장은 마지막 때를 살아가는 자들을 위한 암호화된 메시지가 아니라, 오히려 시대와 장소를 불문하고 모든 믿는 자에게 용기를 주는 말씀입니다. 악한 세력이 무슨 짓을 하더라도 하나님의 목적과 그분의 승리는 영원히 견고히 서 있을 것입니다.

Lesson 5 마침내 도래할 새로운 질서

새 성전

40-48장

그 사람이 내게 이르되 인자야 내가 네게 보이는 그것을 눈으로 보고 귀로 들으며 네 마음으로 생각할지어다 내가 이것을 네게 보이려고 이리로 데리고 왔나니 너는 본 것을 다 이스라엘 족속에게 전할지어다 하더라(에스겔 40:4)

에스겔서 마지막 부분인 40-48장은 새 성전의 환상을 통해 완전한 새 하늘과 새 땅의 새로운 질서를 보여 줍니다. 그 질서를 건축적으로 묘사하여 성전 건축 도면 형태로, 성전 섬기는 자들의 의무와 제사에 관한 새로운 율법 제정의 형태로, 그리고 생수의 강과 땅의 분배를 통한 지리적 형태로 전달합니다. 환상의 핵심은 여호와가 오셔서 그 백성 가운데 다시 거하실 때 그들은 반드시 스스로를 죄에서 정결하게 해야 한다는 것입니다.

에스겔서의 새 성전은 성전을 둘러싼 담이 매우 높다는 점이 특징입니다. 안과 밖을 구분하는 담은 거룩한 성전과 성전 외부의 부정한 것 사이의 경계가 되는데, 에스겔의 환상 속에서 이 담이 아주 높았다는 것은 성전이 부정함으로부터 완전히 차단되었다는 것을 의미합니다. 또한 백성과 땅을 정결하게 하는 제사를 드리는 번제단도 두드러지는데, 새 성전의 지리적 중심부는 바로 이 번제단입니다. 이는 과거 장막과 옛 성전의 지리적 중심이 지성소 안의 언약궤였던 점과 대조됩니다. 여기서 제사장에게 주어진 새로운 규례들은 이전에 모세에게 주신 율법과 조화를 이루기 힘들 뿐 아니라, 그 율법과 조화를 이루기 위해 기록된 내용도 아닙니다. 하지만 이 규례들도 모세 율법과 동일한 주제에 초점을 두고 있습니다. 백성이 마땅히 있어야 할 곳에 거하고 올바른 제사를 드림으로써 하나님이 그분의 백성 가운데 거하실 수 있게 한다는 점이 강조됩니다.

또 다른 특징은 새 성전에서 나오는 생수의 강입니다(에스겔 47장). 이 강은 성전에서 흘러나와 땅을 새롭게 하는데, 문지방 밑에서 스며 나오는 물로 시작하여 잠시 후에는 건너지 못할 강이 됩니다. 이는 하나님이 행하시는 일들이 처음에는 무의미하고 사소해 보일지라도, 그분이 원하시는 바를 성취하실 때 이를 막을 사람이 아무도 없음을 나타냅니다. 마치 예수님이 말씀하셨던 겨자씨 비유처럼 말이죠. 생수의 강은 단지 생명을 주는 데서 끝나지 않고, 죽은 것까지도 살려 냅니다. 그 땅에 거하는 생물들에게 생수의 근원을 공급할 뿐만 아니라, 사해의 바닷물로 죽은 것 같았던 땅을 다시 살려내서 사람들은 그곳에서 처음으로 물고기를 잡을 수 있게 됩니다.

마지막 48장에는 새로워진 땅을 분배하는 내용이 자세히 나오는데, 먼저 약속의 땅의 경계를 묘사합니다. 처음 그들에게 주셨던 약속의 땅의 지명들과 같은 이름을 사용하여 이 땅이 바로 하나님이 아브라함에게 하신 약속의 성취임을 강조합니다. 또한 성소를 중심으로 땅을 재분배하여 약속의 땅 한가운데에 여호와의 성소가 자리합니다. 이 땅에는 성전처럼 정사각형 모양을 한 성읍도 있는데, 성읍은 통상적으로 동쪽을 향하나 여기서는 예외적으로 북쪽을 향하여서 성전을 바라봅니다. 그리고 이제는 예루살렘이 아닌 새로운 이름, '여호와삼마', 즉 '여호와께서 거기 계신다'라는 이름으로 불리는데, 이는 여호와가 백성을 정결케 하시는 행위를 강조합니다.

> 그 사방의 합계는 만 팔천 척이라 그 날 후로는 그 성읍의 이름을 여호와삼마라 하리라(에스겔 48:35)

READING JESUS

리딩지저스
: 그리스도 중심으로 읽는 에스겔

여호와의 정결케 하심은 오직 그리스도의 오심으로 성취됩니다. 그리스도
가 바로 새 성전이시기 때문입니다. "너희가 이 성전을 헐라 내가 사흘 동
안에 일으키리라"(요한복음 2:19). 예수님은 성전이시면서 동시에 정결하게
하시는 완전한 제사, 곧 에스겔서의 성전 환상 속에 나오는 바로 그 제사
이십니다. 에스겔서에서 성전이 백성 한가운데 있으면서도 백성으로 인해
부정해지지 않았듯이 인자이신 예수님은 죄로 가득한 세상 가운데 거하시
면서도 부정해지지 않으셨습니다.

또한 예수님은 에스겔서에 나오는 바로 그 생수의 강이십니다. 그분은
우물가에서 사마리아 여인을 만나셨을 때 "내가 주는 물은 그 속에서 영
생하도록 솟아나는 샘물이 되리라"(요한복음 4:14)라고 하셨고, 초막절 명
절 마지막 날에는 "누구든지 목마르거든 내게로 와서 마시라 나를 믿는 자
는…그 배에서 생수의 강이 흘러나오리라"(요한복음 7:37-38)라고 외치셨습
니다. 이어서 요한은 예수님이 "믿는 자들이 받을 성령"을 가리켜 말씀하
신 것이라고 해석해 줍니다(요한복음 7:39). 예수님이 바로 그 '생수의 강'이
십니다.

3부

성 / 경 / 나 / 눔

에스겔서는 바벨론에 포로로 끌려갔던 선지자 에스겔이 장차 다가올 재
앙을 경고하고 멸망 후에 임할 회복을 전하는 선지서입니다. 1-3장은 에
스겔 선지자의 부르심과 사명, 4-24장은 예루살렘의 멸망에 대한 예언,
25-32장은 주변 이방 족속들에 대한 심판의 예언, 그리고 마지막 33-48
장은 유다 백성을 향한 새 소망에 대해 말합니다.

　에스겔서도 선지자가 사명을 받는 구체적인 장면으로 시작하는데, 에스
겔도 이사야처럼 환상 속에서 영화로운 하나님의 영광을 봅니다. 하지만
이사야가 성전에 앉아 계신 여호와를 보았다면, 에스겔은 바벨론에 유배
중인 백성 가운데 폭풍으로 임하시는 여호와를 봅니다. 하나님은 예루살
렘 성전에 갇혀 계시지 않고 살아 역사하시고 움직이시며 어디에나 계시
는 분임을 보여 주십니다.

　에스겔서의 핵심 장 중 하나인 37장은 마른 뼈 환상을 보여 줍니다. 이
환상에서 에스겔 선지자는 완전히 무너져 버린 멸망의 현장을 목격합니
다. 하지만 하나님은 생기가 사방에서 불어와서 하나님 백성에게 들어가

그들을 살아나게 하라고 에스겔에게 명하시고, 에스겔은 여호와의 말씀으로 마른 뼈들이 다시 살아나는 경험을 합니다. 마른 뼈처럼 완전히 소망을 잃어버렸던 하나님 백성에게 미래의 소망이 있음을 보게 됩니다. 그리고 에스겔서의 마지막 40-48장은 새 성전의 환상으로 결론을 맺는데, 이 환상은 완전한 새 하늘과 새 땅의 새로운 질서를 보여 줍니다. 그 핵심은 여호와가 오셔서 그 백성 가운데 다시 거하실 때 백성은 반드시 스스로를 죄에서 정결하게 해야 한다는 것입니다.

이러한 여호와의 정결케 하심은 예수 그리스도의 오심을 통해 성취됩니다. 그리스도가 바로 에스겔서의 새 성전이시기 때문입니다. 에스겔서에서 성전이 백성 한가운데에 있으면서도 백성으로 인해 부정해지지 않았던 것처럼, 인자이신 예수님도 죄로 가득한 세상 가운데 거하시면서도 부정해지지 않으셨습니다. 또한 예수님은 에스겔서에 나오는 바로 그 '생수의 강'이십니다. 그분은 우물가에서 사마리아 여인을 만나셨을 때 "내가 주는 물은 그 속에서 영생하도록 솟아나는 샘물이 되리라"라고 말씀하셨습니다 (요한복음 4:14).

❶ 에스겔서의 전체 구조와 내용은 대략 네 부분으로 나누어 볼 수 있습니다.
성경수업 Lesson 1

1-3장 하나님의 (　　　)과 에스겔의 (　　)

4-24장 유다와 예루살렘의 (　　) 예언

25-32장 이방 족속에 임할 (　　) 예언

33-48장 백성과 땅을 향한 새 (　　)

❷ 에스겔 1장 1-3절은 에스겔 선지자가 사로잡혀 간 백성과 함께 머물면서
바벨론 (　　　　　　)에서 사역하는 모습을 보여 줍니다. 이로써 추방된
하나님 백성에게도 그분의 (　　)이 임했다는 사실을 알 수 있습니다. 이
방 땅에 거하는 선지자를 통해 그와 함께 사로잡혀 간 백성에게 여호와의
(　　)이 임했음을 보여 줍니다. 성경수업 Lesson 2

❸ 에스겔 37장에서 하나님은 스스로 죽은 자라고 느끼는 그들의 생각에 조
금도 반박하지 않으시고, 오히려 그들이 죽은 자라는 사실을 더 확실하
게 확인해 주시면서 미래의 (　　　)이 있다고 확증해 주십니다. 미래의
(　　　)이 확실한 이유는 그들이 성전을 다시 지으려고 노력했기 때문이

아니라 하나님이 그들을 ( )하시고 ( )을 다시 짓겠다고 작정하셨기 때문입니다. (성경수업 Lesson 3)

❹ 에스겔 38-39장이 묘사하는 최후의 전투에 대한 설명입니다. 정확한 서술끼리 연결해 보세요. (성경수업 Lesson 4)

1. 악한 연합군이 하나님의 •
   백성을 공격하게 하는 이
   유는

2. 최후의 전투는 우리가 일 •
   상에서 경험하는 것들과

3. 에스겔 38-39장의 내용은 •

• a. 믿는 자에게 용기를 주기
   위해서임

• b. 여호와의 위대함과 거룩함
   을 나타내시기 위해서임

• c. 규모만 다를 뿐 본질적으
   로 동일함

❺ 여호와의 정결케 하심은 오직 그리스도의 오심을 통해 성취됩니다. 그리스도는 바로 그 새 ( ), 완전한 ( ), 생수의 ( )이시기 때문입니다. (리딩지저스)

정답

1. 부르심, 사명, 멸망, 심판, 소망 2. 그발 강가, 말씀, 말씀 3. 소망, 소망, 구원, 성전 4. 1→b, 2→c, 3→a 5. 성전, 제사, 강

❶ 어떤 소망이나 희망도 없는 것 같은 절망적인 상황을 경험한 적이 있나
요? 그때 하나님의 복음은 나에게 어떤 위로와 소망을 주었나요?

❷ 세상의 모든 나라가 하나님을 대항하여 일어나더라도 하나님이 자기 백성
에게 승리를 주신다는 에스겔서의 말씀이 나의 삶에 가져올 변화들을 기
대하며 나누어 봅시다.

❸ 우리에게 새로운 소망을 보여 주시고 새 힘을 주시는 하나님의 능력을 의지하는 한 주간이 되기 위해서 내가 실천할 수 있는 것들을 나누어 봅시다.

기도로 함께

소망하며

❶ 성경 말씀에 기초해, 찬양과 감사의 기도를 드립니다.

내가 다시는 내 얼굴을 그들에게 가리지 아니하리니

이는 내가 내 영을 이스라엘 족속에게 쏟았음이라 주 여호와의 말씀이니라

에스겔 39:29

❷ 일상의 변화를 소망하며, 회개와 결단의 기도를 드립니다.

❸ 서로를 위해, 또 교회를 위해 기도합니다.

하나님을 향한

찬양

시편 85편 4-9절

우리 구원의 하나님이여 우리를 돌이키시고

우리에게 향하신 주의 분노를 거두소서

주께서 우리에게 영원히 노하시며 대대에 진노하시겠나이까

주께서 우리를 다시 살리사

주의 백성이 주를 기뻐하도록 하지 아니하시겠나이까

여호와여 주의 인자하심을 우리에게 보이시며

주의 구원을 우리에게 주소서

내가 하나님 여호와께서 하실 말씀을 들으리니

무릇 그의 백성, 그의 성도들에게 화평을 말씀하실 것이라

그들은 다시 어리석은 데로 돌아가지 말지로다

진실로 그의 구원이 그를 경외하는 자에게 가까우니

영광이 우리 땅에 머무르리이다

4

묵시문학과
다니엘

성경읽기 다니엘 1-12장, 호세아 1-14장
성경수업 영원한 승리를 바라보며
성경나눔

묵시문학과 다니엘에
들어가며

우리는 종말론적 열기로 뜨거운 세상에 살고 있습니다. 영화들을 보더라도 세상의 종말이 단골 주제로 등장합니다. 이러한 상황이 얼핏 보면 기독교적 메시지를 전달하는 데에 유리해 보이지만, 실상은 꼭 그렇지도 않습니다. 텔레비전이나 라디오를 통해 들리는 비장한 목소리의 종말론 설교들은 대부분 최근에 일어난 사건들을 설교자 자신의 종말론적 시나리오와 연결하고는 '다니엘 두 접시', '계시록 세 접시', '에스겔 한 접시'로 구성된 식단을 차려 놓곤 합니다. 하지만 그런 조합은 다니엘의 환상에 나오는 합성된 짐승처럼 이해할 수 없는 모양일 뿐입니다.

대다수 교회에서는 묵시문학을 설교하는 일이 드뭅니다. 아마도 묵시록이 난해하기 때문인 듯합니다. 묵시문학의 내용은 일반적으로 우리에게 익숙하지 않을뿐더러, 아는 내용이더라도 현실과는 동떨어진 고대 역사 강좌로 끝나는 경우가 많습니다. 뛰어난 신학자 칼뱅조차도 에스겔서는 반쯤만 주해했고, 요한계시록은 전혀 손대지도 않았을 정도입니다. 이렇듯 어렵게 여겨지는 묵시문학을 우리는 어떻게 이해해야 할까요?

이번 주에는 다니엘서와 호세아서를 통독하면서, 성경수업을 통해 묵시문학의 장르적 특징들을 살펴보고 다니엘 7장을 예로 들어 묵시문학을 읽는 방법에 대해 살펴보겠습니다.

리딩지저스 4권 4강: 묵시문학과 다니엘

QR코드를 찍으면 '묵시문학과 다니엘' 리딩지저스 영상으로 바로 연결됩니다. 또는 유튜브에서 '리딩지저스 묵시문학과 다니엘'을 검색하여 시청할 수 있습니다. '성경읽기'와 '성경수업'을 시작하기 전에 리딩지저스 영상을 시청하면 도움이 됩니다.

QR코드를 찍으면 **리딩지저스 오디오 바이블**로 연결됩니다. 45주 성경통독 일정에 맞추어 제작된 **오디오 바이블**을 통해 매일의 성경통독 분량을 부담 없이 완독할 수 있습니다. 그리스도 중심 성경읽기 《리딩지저스》와 함께하는 성경통독을 통해 하나님과 동행하는 하루하루가 되기를 소망합니다.

📖 이번 주 성경읽기 스케줄

주일	리딩지저스 영상 시청, 성경수업 읽기			
	기본 읽기		핵심 읽기	
월	단 1-4장	완독	단 3장	
화	단 5-8장		단 5장	
수	단 9-12장		단 12장	
목	호 1-5장		호 3장	
금	호 6-10장		호 6장	
토	호 11-14장		호 11장	

1일차 뜻을 정했던 사람들

기본 읽기 다니엘 1-4장
핵심 읽기 다니엘 3장

다니엘서는 세간에도 잘 알려진 유명한 일화들이 많이 담겨 있지만, 난해한 묵시도 함께 소개되어 있기 때문에 쉽사리 대하기가 어려운 책입니다. 다니엘서는 1장에서 다니엘과 그의 세 친구들(하나냐, 미사엘, 아사랴)이 환관장이 제공하는 음식을 거부하는 장면으로 그 이야기를 시작합니다. 다니엘과 그의 세 친구들은 평생 많은 일을 겪었고, 순탄함과는 거리가 있는 삶을 살았습니다. 이들은 "뜻을 정하여"(다니엘 1:8) 하나님만을 따르기 위해 몸부림쳤던 사람들로, 특별히 다니엘의 세 친구들이 중년의 나이에 벌어졌을 것으로 추정하는 3장의 풀무불 사건은 이들이 평생을 하나님의 뜻대로 살기 위해 얼마나 몸부림쳤는지를 보여 줍니다. 당시 대제국의 왕이었던 느부갓네살 앞에서도 당당했던 이들의 이야기를 읽으면서 신앙의 자세를 배워 보는 것은 어떨까요?

2일차 세상을 통치하시는 하나님

기본 읽기 다니엘 5-8장
핵심 읽기 다니엘 5장

영원할 것만 같았던 바벨론의 영화가 끝나갑니다. 하나님은 성전에서 약탈한 그릇으로 잔치를 베풀었던 벨사살에게 그들의 영화가 끝났다는 것을 네 개의 단어로 보여 주시고, 그 밤에 바벨론은 함락되고 바사(페르시아) 왕국이 새로이 나라를 통치합니다. 승승장구하던 다니엘을 모함해서 그를 결국 사자굴에 던지게 했던 다니엘의 대적자들은 사자의 입에서 다니엘을 지키신 하나님의 은혜를 목격한 왕의 명령으로 처형됩니다. 여기까지가 다니엘서에 간략하게 드러난 그의 일대기입니다. 7장과 8장에서는 다니엘이 목격한 다양한 묵시가 소개됩니다. 이 묵시는 매우 다양한 내용을 폭넓게 다룹니다. 하나님은 천사 가브리엘을 보내셔서 그 내용을 직접 해석해 주십니다. 이 환상들은 하나님이 세상을 통치하심을 여실히 드러내는 내용들인데, 지혜로운 다니엘도 해석에 어려움을 겪을 정도로 난해합니다.

3일차 세상의 마지막 때에 일어날 하나님의 역사

기본 읽기 다니엘 9-12장
핵심 읽기 다니엘 12장

다니엘서의 후반부는 우리에게 낯선 책으로 바뀝니다. 특히 7장부터 기록된 묵시들은 그 규모와 내용이 다니엘 당대를 아득히 뛰어넘는 엄청난 규모와 기간의 묵시들이 많습니다. 9장에서 다니엘은 하나님이 예레미야에게 보여 주신 환상의 내용을 해석하여 예루살렘의 황폐함이 70년만에 그칠 것임을 깨닫고 자기 백성의 죄를 하나님 앞에 회개합니다. 그러자 하나님은 가브리엘을 또 보내셔서 그이후에 일어날 일들을 알려 주십니다. 이후 11장에서 다니엘은 남방과 북방의 왕이 벌일 전쟁에 대한 이야기를 듣고 세상의 마지막에 대한 이야기를 전달받습니다. 이러한 엄청난 일들을 듣고 다니엘은 두려워 떨지만, 하나님이 다니엘을 위로하심을 알고 있기에 절망하지는 않습니다. 다니엘서는 마지막 때에 사명을 감당하는 자들을 하나님이 높여 주시리라는 격려로 마무리합니다.

4일차 음란한 이스라엘

기본 읽기 호세아 1-5장
핵심 읽기 호세아 3장

호세아서는 시작부터 상당히 충격적으로 전개됩니다. 하나님이 호세아 선지자에게 주신 첫 번째 말씀은 "음란한 여자를 맞이하여 음란한 자식들을 낳으라"는 것이었습니다. 게다가 그렇게 만난 여인 고멜과 얻은 자녀의 이름은 각각 '이스르엘'(이스르엘 골짜기에서 이스라엘을 패배케 하실 것임), '로루하마'(긍휼히 여김을 받지 못함), '로암미'(나의 백성이 아님)라고 짓게 하십니다. 곧 자녀들의 이름을 '루하마'(긍휼히 여김)와 '암미'(내 백성)로 바꾸시는데, 이는 이스라엘이 하나님과 마치 혼인 관계처럼 엮여 있음에도 불구하고 우상을 섬기는 영적 간음을 저지르고 있음을 보여 주시기 위한 충격적인 비유입니다. 하나님은 호세아 선지자를 통하여 이스라엘의 영적 음란함을 강하게 꾸짖으시고, 심판을 선포하십니다. 그러나 백성은 불성실하게 회개하고, 끝도 없이 교만합니다.

5일차 회개를 촉구하시는 하나님

기본 읽기 호세아 6-10장
핵심 읽기 호세아 6장

이스라엘과 하나님 사이에서 변하지 않은 것은 단 한 가지, 이스라엘을 향한 하나님의 사랑입니다. 이스라엘은 수시로 하나님 앞에서 범죄합니다. 하나님은 이스라엘의 교만과 어리석음을 꾸짖으십니다. 이스라엘은 하나님을 의지하기는커녕 애굽을 의지하고, 하나님께 제물은 바치면서 앗수르에게 마음을 향합니다. 하나님은 이들의 행태에 진노하시며 심판을 선언하십니다. 이스라엘의 영광은 새같이 날아갈 것이며, 뿌리가 말라 열매를 맺지 못하는 나무처럼 될 것입니다. 그들이 섬기던 신들의 산당, 곧 그들의 부끄러움은 파괴될 것입니다. 하나님은 이스라엘의 회개를 촉구하십니다. 공의를 심고 인애를 거두라고 말씀하십니다. 하나님이 원하시는 것은 성의 없는 제사가 아니라 하나님의 말씀을 지키며 순종하는 것입니다. 우리는 이 말씀에 대해 자유로운가요?

6일차 이스라엘을 끝까지 버리지 않으시는 하나님

기본 읽기 호세아 11-14장
핵심 읽기 호세아 11장

이스라엘이 하나님을 저버리고 범죄함에도 불구하고 하나님은 이스라엘을 버리지 않으십니다. 하나님은 이스라엘을 애굽에서 불러내셨을 때를 상기시키시며 오히려 다시는 에브라임을 멸하지 않으시리라 선포하십니다. 문제는 이스라엘이 하나님께 여전히 돌이키지 않고 있다는 것입니다. 거짓 저울로 사람을 속이는 상인에 비유되는 이스라엘은 여전히 하나님을 의지하지 않고 앗수르에게 손을 뻗습니다. 하나님은 이스라엘에게 그들을 애굽에서 이끌어 내시고 광야에서 인도하셨던 것을 기억하라고 촉구하시며, 그들이 그들의 죄악으로 심판을 받았음을 지적하십니다. 그러나 하나님은 끝까지 이들을 버리지 않으십니다. 비록 그들의 죄악으로 처참하게 심판을 받지만, 그들의 반역을 고치시고 다시 그들을 풍성하게 하실 것입니다. 그 하나님은 지금도 여전히 죄인이 돌아오기를 기다리고 계십니다.

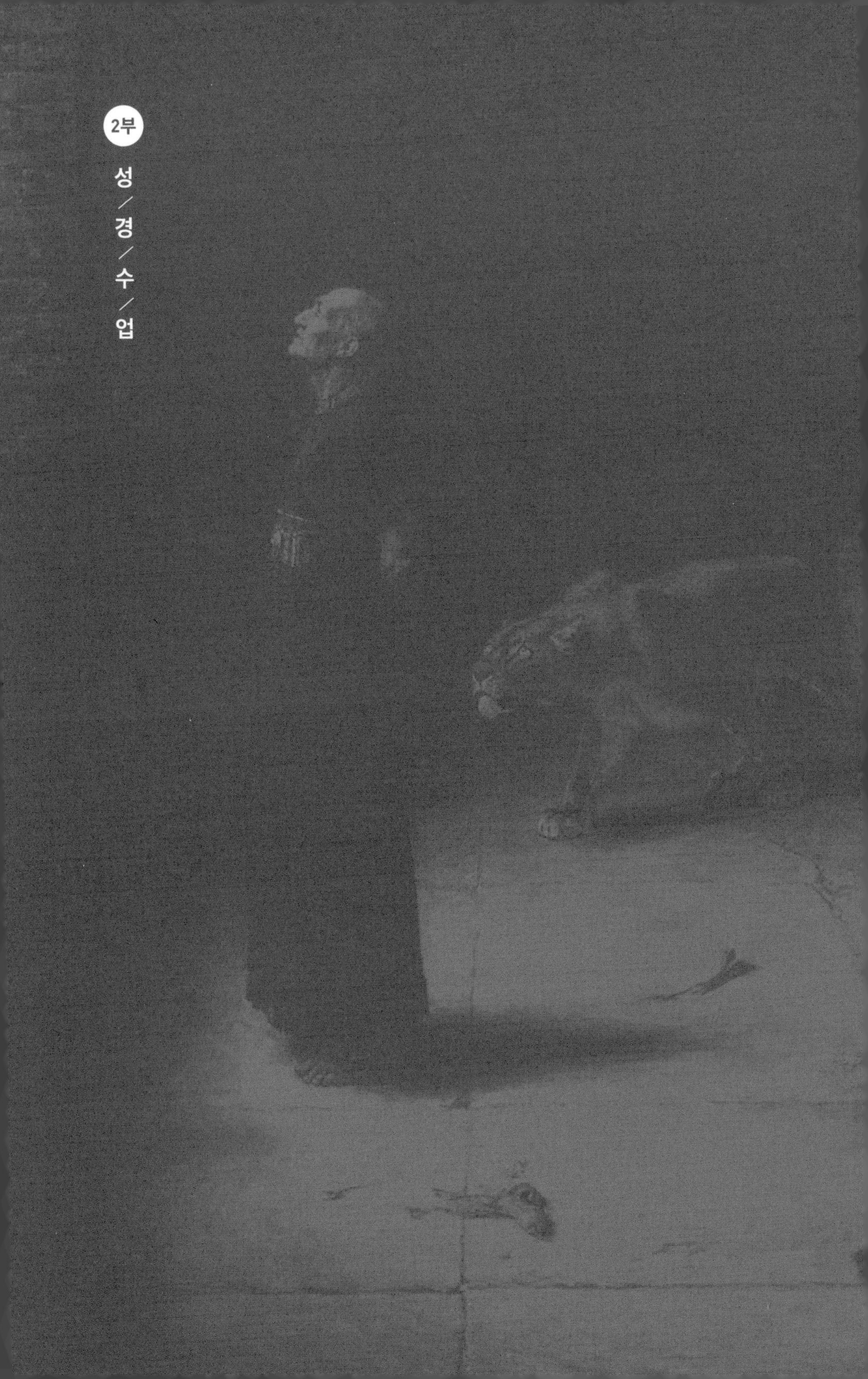

2부

성경 수업

영원한 승리를
바라보며

이 묵시는 정한 때가 있나니
그 종말이 속히 이르겠고
결코 거짓되지 아니하리라
비록 더딜지라도 기다리라
지체되지 않고 반드시 응하리라
하박국 2장 3절

마지막 나라를 미리 보여 주는 계시

묵시문학이란

장르는 성경의 본문을 이해하는 데 매우 중요한 단서를 제공합니다. 특별히 묵시문학을 적절하게 읽고 가르치고 설교하기 위해서는 그 장르의 독특한 특성과 언어를 이해할 필요가 있습니다. 예를 들어, 하늘에서 별들이 쏟아지고 태양이 빛을 잃고 달이 피로 물드는 할리우드 재난 영화의 한 장면을 볼 때 이것이 기상청의 일기예보는 아니라는 것을 직관적으로 아는 정도를 뜻합니다.

먼저 묵시문학이란 무엇일까요? 성경적 묵시록은 갈등으로 점철된 현 시대가 끝나고 이를 대신하는 종말론적 마지막 평화 시대가 온다는 하늘의 계시입니다. 이 계시는 복합적이고 신비로운 이미지로 펼쳐지는데, 그 목적은 신자들을 위로하고 권면하는 데 있습니다. 여기서 첫째로 살펴볼 요소는 하늘의 계시입니다. 이는 감춰진 것들을 드러내는 계시로서, 신적 존재나 천상의 존재에게서 사람이 받는 계시입니다. 말씀이 중심인 선지자들의 예언과는 대조적으로 종말적 계시는 환상(vision)이 중심이며, 그 계시를 받는 자는 갑자기 천상의 영역으로 들림을 받아 하나님의 계시를 봅니다.

둘째, 이러한 종말적 계시는 현시대의 종말을 고하면서 궁극적으로 대체될 평화의 시대의 메시지를 전합니다. 선지자들은 현세의 틀 안에서 구원과 재앙을 예언하지만, 묵시록의 계시는 시간과 장소를 초월합니다. 예를 들어 선지자는 "사십 일이 지나면 니느웨가 무너지리라"라고 말하지만, 묵시록은 "내가 새 하늘과 새 땅을 보니"라고 말합니다. 이처럼 묵시록은 현시대가 막을 내리고 우주적 차원의 종말이 찾아올 것이며, 우주적 종말은 확정된 사실이기 때문에 어떤 인간이나 영적 존재의 노력으로도 막을 수 없다고 말합니다.

셋째, 묵시문학에서 현시대는 혼돈과 갈등 속에서 빛과 어둠의 세력이 끊임없이 대립하는 곳입니다. 한쪽에는 흑암의 세력과 타락한 천사들과 적그리스도가 있고, 다른 한쪽에는 그 악의 세력에 맞서 조화로운 우주를 지키기 위해 하나님의 거룩한 자들이 집결해 있습니다. 묵시록의 목적은 빛과 어둠의 전투에서 보통은 잘 보이지 않는 요소를 볼 수 있도록 문을 여는 것입니다. 우리가 악과 어둠의 세계에서 살고 있지만, 우리 주위에 보이지 않는 선한 세력도 있다는 사실을 알려 주기 위해서죠.

넷째, 이 계시는 신비하고 복잡한 이미지로 펼쳐지기 때문에 무척 낯설게 다가옵니다. 다니엘서나 요한계시록이 그렇습니다. 이상하게 합성된 짐승들, 일곱 대접과 일곱 인, 일천 년과 십사만 사천이라는 숫자 등은 도무지 이해하기 어렵습니다. 선지자들의 환상은 단순하고 자명한 반면, 묵시록의 환상은 이해할 수 없어서 천상의 해석자가 필요합니다.

마지막으로, 묵시문학은 성도들을 위로하고 권면하려는 일관된 목적이 있습니다. 묵시록은 현재의 암울한 상황에도 불구하고 하나님의 통치와 그 나라의 승리를 선포합니다. 그리고 이 관점으로 신자들이 현실적 어려움에서 인내하도록 위로하며, 또한 어떤 상황에서도 신앙을 지키라고 권

계시는 신비하고 복잡한 이미지로 펼쳐지기 때문에 무척 낯설게 다가옵니다. 선지자들의 환상은 단순하고 자명한 반면, 묵시록의 환상은 이해할 수 없어서 **천상의 해석자**가 필요합니다.

면합니다. 따라서 묵시록은 승리를 눈앞에 두고 후반전을 위해 휴식을 취하는 운동선수들을 격려하듯이, 성도들에게 위대한 승리를 고대하면서 끝까지 싸울 것을 권합니다. 보좌에 앉으신 하나님은 궁극적으로 승리하실 것이며, 그 승리를 기다리며 고난 속에서 순종하는 성도들도 승리한다는 것입니다. 이렇듯 묵시문학은 절망의 노래가 아니라 낙담한 성도들을 향한 소망의 선포입니다.

다가올 세상을 더 현실적으로

묵시문학의 중요한 특징들을 살펴보자면, 첫째로 묵시록은 이 세상이 우리의 친구도 아니며 중립 지대도 아니라고 말합니다. 묵시록은 위기 문학으로서, 믿음의 공동체가 직면한 대환란 속에서 기도와 권면을 위한 싹을 냅니다. 다니엘서가 바벨론 포로기의 대학살 가운데에서 나왔다는 사실이나 요한계시록이 초대 그리스도인들이 박해와 압제를 받을 때 기록되었다는 것은 우연이 아닙니다. 둘째, 묵시록은 하나님이 모든 일에 깊이 관여하시며, 특히 고통받는 성도들을 수동적으로 방관하거나 묵인하지 않으심을 확신시켜 줍니다. 묵시록에 등장하는 성도의 전형적인 기도는 요한계시록 6장 9-10절에 나오는 순교자의 기도입니다.

> 다섯째 인을 떼실 때에 내가 보니 하나님의 말씀과 그들이 가진 증거로 말미암아 죽임을 당한 영혼들이 제단 아래에 있어 큰 소리로 불러 이르되 거룩하고 참되신 대주재여 땅에 거하는 자들을 심판하여 우리 피를 갚아 주지 아니하시기를 어느 때까지 하시려 하나이까 하니
>
> (요한계시록 6:9-10)

여기서 요한은 죽임 당한 성도들이 외치는 기도 소리를 듣습니다. 동시에, 그 외침을 외면하시지 않는 하나님의 환상을 보는데, 묵시록은 하나님이 그들의 질문에 침묵하시지 않으며 오히려 그 자리에 계신다고 강력히 선포합니다.

셋째, 묵시록은 이 세상이 전부가 아님을 상기시킵니다. 이를 위해 묵시록 저자는 다른 세상으로 옮겨져 천상의 세계와 종말론적 미래를 보면서 눈에 보이는 현실이 전부가 아님을 깨닫습니다. 에스겔의 하늘 성전, 요한의 새 예루살렘, 다니엘의 천상 법정에서 우리는 또 다른 세상과 궁극적 세상을 보게 됩니다. 따라서 묵시록은 우리의 마음과 생각과 소망을 하늘에 고정하게 합니다.

넷째, 묵시록에서는 '하나님이 누구신가'라는 점이 결정적이므로 하나님과 예수님을 상세히 묘사합니다. 예를 들어 다니엘 7장 9-10절은 하나님을 묘사하는데, 성경 어디에도 이렇게 하나님을 물질적으로 자세히 묘사하는 곳은 없습니다. 이사야 6장에서 이사야가 보좌에 좌정하신 하나님을 보았을 때는 하나님의 장엄한 위엄 외에 별다른 묘사가 없지만, 다니엘서나 요한계시록이 묘사하는 하나님의 모습은 무척 상세하고 구체적입니다.

> 내가 보니 왕좌가 놓이고 옛적부터 항상 계신 이가 좌정하셨는데 그의 옷은 희기가 눈 같고 그의 머리털은 깨끗한 양의 털 같고 그의 보좌는 불꽃이요 그의 바퀴는 타오르는 불이며 불이 강처럼 흘러 그의 앞에서 나오며 그를 섬기는 자는 천천이요 그 앞에서 모셔 선 자는 만만이며 심판을 베푸는데 책들이 펴 놓였더라(다니엘 7:9-10)

왜 묵시록은 천상이나 하나님에 관해 이렇듯 자세하게 묘사할까요? 다가올 세상이 현재의 경험보다 더 실재적이라는 것을 보여 주기 위해서입니다. 이는 마치 현시대가 소리로만 들린다면 다가오는 시대는 영상까지 나오는 셈이며, 묵시록은 그 영상을 총천연색으로 보여 주려 합니다. 묵시록은 오는 세상의 진정한 본질을 생생하게 묘사하면서 강력하고 놀랍고 불안정한 비유와 이미지를 사용해 우리를 불안하게 만드는데, 이는 두 손으로 우리를 잡고 흔들며 얼굴에 소리를 치는 것과 같습니다. 죄인들이 영원한 지옥 불에서 고통받는 모습을 그리다가 눈 깜짝할 사이에 화면이 바뀌어 악한 현시대의 현실을 충격적인 장면에 담아 폭로하는가 하면, 그와 동시에 앞으로 올 세상의 놀라운 축복을 상세하게 묘사함으로써 다가오는 세상의 위대한 현실을 전달합니다.

성도의 눈을 열어 하나님 시각으로

**묵시문학의
특징 2**

묵시록의 또 다른 초점은 예수 그리스도, 곧 십자가에 못 박히시고 부활하시고 승천하신 '인자'께 맞춰져 있습니다. 다른 모든 성경처럼 묵시록도 그리스도께 집중한다는 것은 어찌 보면 당연하지만, 다니엘 7장만큼 '인자'가 그리스도께 연결되는 것을 분명하게 보여 주는 성경은 없습니다 (Lesson 5 참조). 따라서 묵시록을 이해하는 바른 방법은 그리스도 중심성을 놓치지 않는 것입니다.

또한 묵시록은 개인적 악과 선 외에도 통합적 악과 선을 다룬다는 점이 특징입니다. 묵시록은 악한 제국과 신실한 성도들의 공동체, 세계 많은 나라에서 나타나는 국가와 사람들 간의 갈등, 바벨론 제국을 비롯한 여러 짐승과 그들에 대한 마지막 심판 등 통합적인 선과 악에 대해 말합니다. 묵시록은 이러한 우주적 차원의 전투를 예상하고 반영하기 때문에, 하나님께 끊임없이 의존하고 기도하라고 촉구합니다. 묵시록은 지상 교회에 고정되어 있는 우리 눈을 열어 천상의 영계에서 일어나는 전투를 보여 줍니다. 그러면서 하나님이 홀로 싸우시는 우주적 전투 장면에서 성도의 기도가 감당하는 역할이 있음을 알려 줍니다. 연약한 인간의 몇 마디 기도가 지상과 천상을 뒤흔드는 우주적 사건에 영향을 줄 수 있다는 것입니다.

묵시록의 핵심 목표는 사람들의 마음을 움직여 예배하게 하는 것입니다. 천군 천사가 참여하여 하나님을 예배하는 천상의 예배야말로 새 하늘과 새 땅, 새 예루살렘의 중심입니다. 요한계시록 4장과 5장은 이런 모습을 자세히 묘사합니다. 땅의 세력이 아닌 천상의 현실에 시선을 고정하여, 하나님이 누구신지에 집중하면서 그 하나님이 생명의 실재이자 현실로서 우리와 함께하심을 깨닫게 하려는 것입니다. 이것이 묵시록의 궁극적 목표입니다.

마지막으로 묵시록은 청중에게 확신보다 진실을 증언합니다. 따라서 묵시록 설교자는 철학자처럼 증명을 위한 공식을 말하지 않고 오히려 산 정상에 서서 약속의 땅을 바라봅니다. 논리적으로 교훈을 제시하는 서신서와 달리, 묵시록은 '그러므로'와 같은 접속사가 필요 없습니다. 묵시록은 나타난 환상을 보여 주는데, 그 환상은 신실한 증언을 통해 받은 것입니다. 묵시록의 많은 표현이 문자적이기보다 상징적인데, 그 내용의 진정성이 부족하거나 이것이 꾸며낸 이야기라서가 아닙니다. 이는 현실보다 더 현실적이지만, 논리적으로 전개되는 논증과는 다른 형태로 표현되기 때문입니다. 이러한 표현은 독자가 환상을 통해 현실을 바라보는 세계관을 새롭게 형성하게 하며, 보고 듣고 느끼고 맛보는 모든 것을 새롭게 바꿉니다. 따라서 묵시록을 이해하는 비결은 논쟁을 따라가는 것이 아니라, 성경적 환상의 능력을 경험하고 자신의 세계관이 천상의 방향으로 바뀌는 데 있습니다.

Lesson 4   기괴한 네 짐승

묵시문학 예시 1
다니엘 7:1-8

이제 묵시문학의 실례로 다니엘서 7장을 두 단원으로 나누어서 살펴보겠습니다. 가장 먼저, 바다에서 네 짐승이 나옵니다(1-8절). 첫째 짐승은 독수리 날개를 가진 사자, 즉 동물과 새가 혼합된 부정한 존재인데 곧 사람으로 변합니다. 둘째 짐승은 곰과 같은데, 이빨 사이에 희생자의 갈비뼈가 가득찬 기괴한 모습을 하고 있습니다. 셋째 짐승은 표범과 새가 합성된 짐승으로 사납고 빨랐으며, 머리가 네 개라서 모든 방향을 한꺼번에 볼 수 있는 능력이 있습니다. 넷째 짐승은 이들 중 가장 무섭고 강한 짐승으로, 큰 철 이빨로 삼키고 부수고 발로 짓밟고 머리에는 엄청난 힘을 상징하는 열 개의 뿔을 가졌고 또 다른 작은 뿔이 뿔 사이에서 나와 세 뿔을 뽑습니다. 이 짐승들은 모두 하나님의 일그러진 피조물들로서 성경적 기준으로 볼 때 모두 부정한 것들입니다.

　이 짐승들은 누구를 가리키는 것일까요? 분명히 이들은 세상의 권력자들을 상징하며, 이 환상을 통해 세상은 이런 무서운 짐승들이 연속해서 등장해 점점 더 악하게 운영되는 곳임을 보여 줍니다. 많은 성경 해석자가 이들의 정체를 '바벨론, 메데, 바사, 그리스'라든가, '바벨론, 메데/바사, 그

이 짐승들은 **세상의 권력자들**을 상징하며, 이 환상을 통해 세상은 이런 무서운 짐승들이 연속해서 등장해 **점점 더 악하게 운영**되는 곳임을 보여 줍니다.

리스, 로마'라는 식으로 해석해 왔는데, 사실 그렇게 해석할 만한 구체적인 근거는 없습니다. 묵시록의 근본적 해석은 종종 본문에 등장하는 천사의 설명에 의존하는데, 7장 16-28절에서 천사는 이들의 정체를 설명하지 않습니다. 따라서 이 짐승들의 정체를 밝히려는 노력은 오히려 본문의 핵심을 놓치게 할 수 있습니다.

성경 전체의 맥락과 흐름을 고려할 때, 이 짐승들은 하나님이 역사의 마침표를 찍을 때까지 계속될 우리 세상의 모습이라고 보는 것이 바른 해석일 것입니다. 어떤 시대의 어떤 나라도 세상의 본질을 바꿀 수는 없으며, 새 나라가 오기 전까지 흑암은 자신의 세력을 과시할 것입니다. 따라서 여기 나오는 짐승의 숫자는 세상 제국의 숫자라기보다는 '완성'을 상징하는 것으로 보는 것이 옳을 것입니다. 즉 현시대의 삶은 끝날 때까지 항상 이렇게 진행될 것입니다. 느브갓네살이 다리오로, 알렉산드로스가 안티오쿠스 에피파네스로 바뀔 뿐입니다. 이런 추악한 짐승들의 모습은 히틀러, 스탈린, 김일성에게서 드러났고, 홀로코스트의 가스실, 캄보디아의 킬링필드, 르완다와 시리아에서도 나타났습니다.

우리는 이런 짐승들의 계속되는 등장에 당황할 필요가 없습니다. 모든 인간의 악은 그저 거대한 한 짐승의 실체를 반영하는 것인데, 바로 사탄입니다. 사탄은 요한계시록 13장에서 이 본문에 나오는 각 짐승의 특징을 결합한 모습인 뿔이 열 개인 사자, 곰, 표범으로 등장합니다. 우리는 역사 전체를 통해서 항상 주님께 대항하고 성도들을 두렵게 하는 괴물들의 세상에 살고 있으며, 이것이 우리의 밤잠을 설치게 만드는 세상에 대한 설명이기도 합니다. 그래서 바울은 말합니다.

우리의 씨름은 혈과 육을 상대하는 것이 아니요 통치자들과 권세들과 이 어둠의 세상 주관자들과 하늘에 있는 악의 영들을 상대함이라
(에베소서 6:12)

하늘 법정의 심판

묵시문학 예시 2
다니엘 7:9-28

첫째, 다니엘 7장의 환상은 네 짐승이 아니라 심판이 행해지는 하늘 법정에 초점을 맞춥니다(9-14절). 옛적부터 항상 계신 하나님이 보좌에 앉으셨고, 그의 옷은 눈같이 희어 순결과 공의를 보여 주며, 그의 머리털은 깨끗한 양털 같아서 지혜를 상징하며, 그의 보좌는 불꽃이고, 그의 마차 바퀴는 타오르는 불로서 대적을 물리치시는 전사 하나님의 이미지를 보여 줍니다. 불이 강처럼 흘러나오며 그를 섬기는 자는 천천이고 그 앞에서 모셔선 자는 만만으로, 이 장면은 옳고 그름을 분별하는 지혜와 끝까지 옳음을 추구하는 순수함, 판결을 실행하는 능력을 지닌 판사의 이미지를 보여 줍니다. 뿔 달린 짐승은 주님과 기름 부음 받은 자를 참담한 말로 모욕하지만, 곧 심판받아 지옥에 던져질 것이기에 짐승의 행동은 아무 소용이 없습니다. 바로 여기서 가장 핵심이신 "인자"가 나타나는데, 그는 사람과 하나님의 특징을 모두 갖춘 한 존재로 묘사됩니다.

내가 또 밤 환상 중에 보니 인자 같은 이가 하늘 구름을 타고 와서 옛적부터 항상 계신 이에게 나아가 그 앞으로 인도되매 그에게 권세와 영광과 나라를 주고 모든 백성과 나라들과 다른 언어를 말하는 모든 자들이 그를 섬기게 하였으니 그의 권세는 소멸되지 아니하는 영원한 권세요 그의 나라는 멸망하지 아니할 것이니라(다니엘 7:13-14)

구약성경의 다른 곳에서 '인자'라는 호칭은 불변하시는 하나님을 표현합니다. '인자'는 주권과 영광과 전능한 힘을 부여받아 영원히 다스리실 것입니다.

둘째, 다니엘 7장은 다가오는 하나님의 심판의 날에 집중합니다. 그날에 무서운 짐승들은 마침내 정의를 직면할 것입니다. 천사가 7장 본문을 간결하게 요약한 내용을 주목해서 보면, 천사는 짐승들의 정체가 아니라 성도들의 최종적이고 영원한 승리에 집중합니다(15-28절).

지극히 높으신 이의 성도들이 나라를 얻으리니 그 누림이 영원하고 영원하고 영원하리라(다니엘 7:18)

옛적부터 항상 계신 이가 와서 지극히 높으신 이의 성도들을 위하여 원한을 풀어 주셨고 때가 이르매 성도들이 나라를 얻었더라(다니엘 7:22)

그래서 다니엘이 천사에게 네 짐승과 열 뿔의 정체를 물었을 때, 천사는 그저 간단히 네 짐승은 세상에서 일어날 네 왕이라고만 설명합니다. 천사의 강조점은 다음과 같습니다. '짐승들이 성도들을 박해하겠지만 그 영향은 하나님의 주권 아래에 제한되어 있다. 그 너머에는 하늘 법정이 펼쳐져 있어서 짐승들은 모두 심판받아 멸망할 것이다. 주권과 권세와 능력은 성도들에게 넘겨지며 지극히 높은 백성의 왕국은 영원할 것이다.' 따라서 우리는 이러한 천사의 해석을 따라 환상의 핵심 장면인 하늘 법정에 주목해야 합니다.

하나님은 거기서 원수와 대적자들을 심판하시며 세상 모든 것을 바로잡으실 것입니다. 이 세상이 주는 상은 벨사살의 황금 장식들처럼 금방 지나가 버릴 빈 껍데기에 불과하며, 이 시대가 주는 그 어떤 잔혹함도 성도들에게 치명상을 입히지 못합니다. 하나님이 최종 재판장이시며 우리는 궁극적으로 그분 앞에 설 것이기 때문입니다. 우리는 오는 세상을 이런 관점으로 바라보면서 이 세상을 살아야 합니다. 그것이 어떤 대가를 치르고도 이 세상에서 신실하게 살 수 있는 유일한 길입니다. 이 땅의 재판소는 성도들을 화형에 처하거나 가스실로 보내거나 다른 고통을 줄 수는 있지만, 그들의 영혼을 지배할 수는 없습니다. 최악의 상황으로 몰아가 몸의 생명을 앗아갈 수 있을지는 몰라도, 그 영혼은 주님의 품에 안길 것입니다. 그래서 예수님은 이렇게 말씀하셨습니다.

> 몸은 죽여도 영혼은 능히 죽이지 못하는 자들을 두려워하지 말고 오직 몸과 영혼을 능히 지옥에 멸하실 수 있는 이를 두려워하라(마태복음 10:28)

모든 짐승이 사라질 날이 올 것입니다. 짐승들에 둘러싸인 것 같고 숨이 막힌다고 느껴질 때 위를 바라보고 재판관을 바라보십시오. 우리의 구세주를 바라보십시오. 그리고 그리스도 안에 있는 영광스러운 유산을 바라보십시오.

READING JESUS

리딩지저스

: 그리스도 중심으로 읽는 묵시문학과 다니엘

다니엘 7장은 십자가에 달린 그리스도의 모습이 끝이 아님을 보여 줍니다. 우리는 여전히 짐승의 시대에 살고 있고, 그들은 권능을 받아서 다스리고 죽이며 삼키고 있으며, 심지어 잠시지만 성도들에게서 승리를 쟁취하기도 합니다. 하지만 우리는 그들의 세상에 영원히 살지 않습니다. 잘못된 것들이 바로잡힐 날이 반드시 올 것입니다. 그날에 우리에게 남은 소망은 오직 예수 그리스도뿐이십니다. 그분은 완전한 인성과 신성을 가지신 '인자'로서 우리 죄악을 담당하셨기 때문입니다.

따라서 그날에 우리도 주님과 함께 존귀해져서 주님과 함께 영원히 통치할 것입니다. 주님의 희생으로 이제 우리는 모든 것을 누릴 수 있게 되었습니다. 하나님이 재판장이시고 인자가 구원자이시기 때문에, 세상이 아무리 요동쳐도 걱정할 필요가 없습니다. 세상은 궁극적으로 우리를 해칠 힘이 없으며, 세상이 최악으로 발버둥을 쳐도 하나님은 최선으로 우리를 환영하실 것이기 때문입니다. 사망이나 생명이나 천사들이나 괴물이나 권세자들이나 악당들이나 세상에 있는 그 어떤 것도 우리를 예수 그리스도의 사랑에서 끊을 수 없습니다.

성경적 묵시록은 갈등으로 점철된 현시대가 끝나고 이를 대신하는 종말론적 마지막 평화 시대가 온다는 하늘의 계시입니다. 이 계시는 복합적이고 신비로운 이미지로 펼쳐지며, 신자들을 위로하고 권면하려는 목적이 있습니다. 이러한 묵시문학의 중요한 특징은 다음과 같습니다. 우선, 묵시록은 이 세상이 우리의 친구도 아니며 중립 지대도 아니라고 말하면서 반면에 하나님은 고통받는 성도들을 방관하거나 묵인하시지 않음을 확신시켜 줍니다. 또한 묵시록은 묵시록 저자를 다른 세상으로 옮겨서 천상의 세계와 종말론적 미래를 보여 주고 눈에 보이는 현실이 전부가 아님을 깨닫게 합니다. 특히, 묵시록에서는 하나님과 예수님을 무척 상세하게 묘사하는데, 다가올 세상이 현재의 경험보다 더 실재적임을 보여 주기 위해서입니다. 묵시록에서 무엇보다 중요한 핵심은 십자가에 못 박히시고 부활하시고 승천하신 '인자', 곧 예수 그리스도이십니다. 따라서 묵시록을 이해하는 바른 방법은 그리스도 중심성을 놓치지 않는 것입니다.

다니엘 7장은 이러한 묵시문학의 전형적인 실례입니다. 그 내용은 바다에서 나온 네 짐승의 환상과 그에 대한 천사의 해석인데, 전통적으로 많은 성경학자가 이 짐승들의 정체를 밝히려고 노력했습니다. 하지만 본문 속 천사의 해석을 통해서 알 수 있듯이, 이 환상은 네 짐승이 아니라 심판이 행해지는 하늘 법정에 초점이 맞춰져 있습니다. 옛적부터 항상 계신 하나님이 보좌에 앉으셔서 짐승들을 심판하시는데 여기서 가장 중요한 핵심은 '인자'입니다. 그는 구름을 타고 오셔서 주권과 영광과 전능한 힘을 부여받아 영원히 다스리시고, 다가오는 하나님의 심판 날에 무서운 짐승들을 심판하실 것입니다.

다니엘 7장의 환상은 우리가 지금도 여전히 짐승의 시대에 살고 있으며, 그들은 세상을 다스리며 심지어 잠시지만 성도들에게서 승리를 쟁취한다는 점을 보여 줍니다. 어떤 짐승들은 인간의 형상을 취하여 믿는 자들을 박해하기도 하고, 어떤 짐승들은 조직의 형태를 취하여 괴로움을 안겨 주기도 합니다. 하지만 성도는 그들의 세상에 영원히 살지 않을 것이며, 잘못된 것들이 바로잡힐 날이 반드시 올 것입니다. 그때에는 모든 폭정이 끝나고 모든 병자가 회복되며 모든 마음의 상처가 위로를 받을 것입니다. 그 날에 그 큰 짐승 사탄은 보좌 앞에 묶인 채 끌려와서 자신의 죄악을 심문받고 영원한 불못에 던져질 것입니다.

우리에게 남은 소망은 오직 예수 그리스도이십니다. 그분은 완전한 인성과 신성을 가지신 '인자'로서 우리의 죄악을 담당하셨기 때문입니다. 주님은 우리를 대신하여 무자비한 큰 짐승을 대면하셨습니다. 하나님은 십자가 위에서 우리를 향한 하나님의 분노를 남김없이 모두 그리스도께 쏟아부으셨습니다. 따라서 그날에 우리는 주님과 함께 존귀하게 되어 주님과 함께 영원히 통치할 것입니다. 주님의 희생으로 이제 우리는 모든 것을 누릴 수 있습니다.

❶ 성경적 묵시록은 (   )으로 점철된 현시대가 끝나고 이를 대신하는 종
말론적 마지막 (   ) 시대가 온다는 하늘의 (   )입니다. 이 (   )
는 복합적이고 신비로운 이미지로 펼쳐지며, 신자들을 (   )하고
(   )하려는 목적이 있습니다. 성경수업 Lesson 1

❷ 묵시문학의 특징을 정리해 봅시다. 성경수업 Lesson 2, 3

• 이 세상이 우리의 (   )도 아니며 (   )도 아니라고 말함
• (   )이 모든 일에 깊이 관여하심
• 이 세상이 (   )가 아님을 상기시킴
• 다가올 세상이 현재의 경험보다 더 (   )이라는 것을 보여 주기
  위해서 (   )과 (   )을 상세하게 묘사함

❸ 묵시록을 이해하는 비결은 (   )을 따라가는 것이 아니라, 성경적
(   )의 능력을 경험하고 자신의 세계관이 천상의 방향으로 바뀌는
데 있습니다. 성경수업 Lesson 3

❹ 다른 모든 성경처럼 묵시록도 (   )께 집중하는 것은 당연하지만, 다니엘 7장만큼 '인자'가 (   )께 연결되는 것을 분명하게 보여 주는 성경은 없습니다. 성경수업 Lesson 3

❺ 우리는 여전히 (   )의 시대에 살고 있고, 그들은 권능을 받아서 다스리고 죽이며 삼키고 있으며, 심지어 잠시지만 성도들에게서 (   )를 쟁취하기도 합니다. 그러나 우리는 그들의 세상에 영원히 살지 않을 것입니다. 잘못된 것들이 바로잡힐 날이 반드시 올 것입니다. 그날에 우리에게 남은 소망은 완전한 (   )과 (   )을 가지시고 우리 죄악을 담당하신 (   )뿐이십니다. 리딩지저스

정답

1. 갈등, 평화, 계시, 계시, 위로, 권면 2. 친구, 중립 지대, 하나님, 전부, 실재적, 하나님, 예수님
3. 논쟁, 환상 4. 그리스도, 그리스도 5. 짐승, 승리, 인성, 신성, 예수 그리스도

❶ 내 인생의 가장 큰 절망과 좌절의 순간은 언제였나요? 나는 그런 위기상
황을 어떻게 극복하였나요?

❷ 세상 권세가 잠깐 성도들을 괴롭게 할 수는 있지만 하나님이 기필코 승리
하시기에 성도들은 하나님의 위로를 경험할 것입니다. 이 사실이 나의 삶
에 어떤 영향을 끼치고 있나요?

❸ 우리의 영원한 힘과 위로를 주시는 하나님께 감사와 찬양과 간구를 드리는 한 주간이 되기 위해서 내가 실천할 수 있는 것들을 나누어 봅시다.

기도로 함께

소망하며

❶ 성경 말씀에 기초해, 찬양과 감사의 기도를 드립니다.

다니엘은 뜻을 정하여

왕의 음식과 그가 마시는 포도주로 자기를 더럽히지 아니하리라 하고

자기를 더럽히지 아니하도록 환관장에게 구하니

하나님이 다니엘로 하여금 환관장에게 은혜와 긍휼을 얻게 하신지라

다니엘 1:8-9

❷ 일상의 변화를 소망하며, 회개와 결단의 기도를 드립니다.

❸ 서로를 위해, 또 교회를 위해 기도합니다.

하나님을 향한
찬양

시편 73편 23-28절

내가 항상 주와 함께하니
주께서 내 오른손을 붙드셨나이다
주의 교훈으로 나를 인도하시고
후에는 영광으로 나를 영접하시리니
하늘에서는 주 외에 누가 내게 있으리요
땅에서는 주 밖에 내가 사모할 이 없나이다
내 육체와 마음은 쇠약하나
하나님은 내 마음의 반석이시요 영원한 분깃이시라
무릇 주를 멀리하는 자는 망하리니
음녀같이 주를 떠난 자를 주께서 다 멸하셨나이다
하나님께 가까이함이 내게 복이라
내가 주 여호와를 나의 피난처로 삼아
주의 모든 행적을 전파하리이다

5

소선지서

소선지서에
들어가며

선지서는 크게 대선지서와 소선지서로 나뉩니다. 대선지서(Major Prophets)에는 이사야, 예레미야, 에스겔이 속하고, 소선지서(Minor Prophets)에는 호세아, 요엘, 아모스, 오바댜, 요나, 미가, 나훔, 하박국, 스바냐, 학개, 스가랴, 말라기가 포함됩니다. 이러한 분류는 선지서 내용의 중요성이 아니라, 분량이 많고 적은 것에 따른 것입니다. 그중 소선지서에 속한 스가랴는 복음서에서 가장 자주 인용되는 구약성경입니다. 다니엘서는 한글 성경이나 영어 성경에서는 대선지서에 속하는 듯하지만, 역사적으로는 그 어느 쪽에도 해당하지 않습니다. 유대교의 구약성경 배치에서 다니엘서는 성문서에 포함되어 있고, 내용 역시 예언서라기보다는 역사적 사건과 묵시록이 섞인 형태이기 때문입니다.

이번 주에는 요엘서에서 스바냐서까지를, 다음 주에는 학개서, 스가랴서, 말라기서를 통독합니다. 그리고 성경수업을 통해 소선지서 전체의 역사적 배경과 주제를 살펴보고, 호세아서와 요나서의 메시지를 중심으로 다루면서, 구약성경의 마지막이 장차 다가올 미래에 대해 어떤 말씀을 전하는지 살펴보겠습니다.

리딩지저스 4권 5강: 소선지서

QR코드를 찍으면 '소선지서' 리딩지저스 영상으로 바로 연결됩니다. 또는 유튜브에서 '리딩지저스 소선지서'를 검색하여 시청할 수 있습니다. '성경읽기'와 '성경수업'을 시작하기 전에 리딩지저스 영상을 시청하면 도움이 됩니다.

QR코드를 찍으면 **리딩지저스 오디오 바이블**로 연결됩니다. 45주 성경통독 일정에 맞추어 제작된 **오디오 바이블**을 통해 매일의 성경통독 분량을 부담 없이 완독할 수 있습니다. 그리스도 중심 성경읽기 《리딩지저스》와 함께하는 성경통독을 통해 하나님과 동행하는 하루하루가 되기를 소망합니다.

이번 주 성경읽기 스케줄

주일	리딩지저스 영상 시청, 성경수업 읽기			
	기본 읽기		핵심 읽기	
월	욜 1장-암 3장	완독	욜 2장	
화	암 4-9장		암 5장	
수	옵 1장-욘 4장		욘 4장	
목	미 1-7장		미 4장	
금	나 1장-합 3장		합 2장	
토	습 1-3장		습 3장	
	기본 읽기		핵심 읽기	
월	학 1-2장	완독	학 2장	
화	슥 1-5장		슥 1장	
수	슥 6-10장		슥 8장	
목	슥 11-14장		슥 14장	
금	말 1-2장		말 1장	
토	말 3-4장		말 3장	

1일차 요엘과 아모스의 외침

기본 읽기 요엘 1장-아모스 3장
핵심 읽기 요엘 2장

소선지서의 몇몇 구절이 우리에게 친숙할 수는 있지만, 전체 말씀을 차분하게 읽을 기회는 그리 많지 않습니다. 지난주의 호세아서 통독을 시작으로 앞으로 2주간은 소선지서를 통독하며, 하나님이 선지자들을 통하여 우리에게 어떤 말씀을 하시는지 묵상하는 시간이 되기를 바랍니다. 오늘 읽을 요엘서와 아모스서는 우리가 그동안 살펴본 여느 선지서들과 비슷한 구조로 기록되었으며, 이스라엘을 향하여 회개를 선포하는 내용 등 담고 있는 메시지도 유사합니다. 그러나 세부 내용은 조금 차이가 있습니다. 요엘서는 당시 발생한 자연재해(메뚜기 떼, 가뭄)를 말하며 하나님은 이스라엘의 회개를 원하신다고 부르짖고, 아모스서는 이스라엘에 정의가 회복되어야 한다고 외칩니다. 이 시대에 우리가 회복해야 할 것은 무엇일까요? 요엘과 아모스를 통하여 답을 찾아보기를 바랍니다.

2일차 약자들의 억울함을 살피시는 하나님

기본 읽기 아모스 4-9장
핵심 읽기 아모스 5장

아모스서는 다른 선지서들보다 이스라엘의 도덕적 악행을 고발하는 내용이 많습니다. 선지자가 고발하는 당시 이스라엘의 모습은 기가 막힐 지경입니다. 이스라엘은 율법에서 지정한 제사를 충실하게 드리고 절기도 지키기는 했던 것 같습니다. 그러나 하나님은 '멸시한다'는 표현을 사용하면서까지 그들의 제사와 절기를 거절하십니다. 힘없는 자들과 가난한 자들을 악랄하게 착취하면서 제사와 절기를 지킨들 무슨 소용이 있을까요? 하나님은 이스라엘을 심판하시겠다는 환상을 계속해서 선지자에게 보이십니다. 번성하는 듯 보이는 이스라엘은 완전히 무너져 버릴 것이고, 사람들의 노랫소리는 애곡하는 소리로 바뀔 것이며, 우상들은 부서질 것입니다. 그리고 그제야 회복이 있을 것입니다. 선지자는 하나님이 진정으로 기뻐하시는 것이 무엇인지를 우리에게 가르치고 있습니다. 우리가 회복해야 할 모습은 무엇일까요?

3일차 이웃 나라들을 향한 하나님의 뜻

기본 읽기 오바댜 1장-요나 4장
핵심 읽기 요나 4장

오바댜서는 한 장밖에 되지 않는 아주 짧은 성경이기 때문에 통독의 성취감을 느끼게 하며, 요나서는 재미난 이야기로 구성되어 있어서 우리에게 상당히 친숙합니다. 이 두 권의 책은 소선지서이며 분량이 많지 않다는 것 외에도 메시지의 핵심이 이스라엘이 아니라 이웃 나라를 향한다는 공통점이 있습니다. 오바댜서는 이스라엘의 형제 민족인 에돔을 향한 메시지이며, 요나서는 당시 이스라엘에 잠재적인 위협이 될 수 있는 나라인 앗수르를 향한 메시지입니다. 하나님은 선지자 오바댜를 통하여 에돔을 책망하셨고, 요나를 통하여 앗수르에 회개의 메시지를 전하셨습니다. 오바댜서와 요나서는 하나님이 이스라엘이라는 나라 안에 갇혀 계신 분이 아니라 열방의 하나님이시며, 열방을 향하여 동일하게 사랑과 긍휼을 베푸시는 하나님이심을 우리에게 선포합니다.

4일차 주께서 주실 진정한 평화

기본 읽기 미가 1-7장
핵심 읽기 미가 4장

미가서는 예수 그리스도의 탄생을 예언하는 한 구절로 우리에게 잘 알려져 있습니다. 미가서는 책의 이름처럼 모레셋 사람 미가에게 임한 하나님의 말씀을 기록한 책입니다(미가 1:1). 선지서들은 공통적으로 이스라엘을 향한 하나님의 심판이 어떠할 것인지를 구체적으로 언급하며 회개를 촉구하지만, 미가서는 심판 이후에 하나님의 회복이 어떻게 임하는지를 상세하게 언급합니다. 하나님은 우상의 잔재를 완전히 헐어 버리실 것이며, 백성을 괴롭게 하는 악한 통치자들을 벌하실 것입니다. 하나님의 평화는 많은 민족에게 임할 것이며, 자신들의 칼과 창으로 농기구를 만드는 기적과 같은 일을 만들어 낼 것입니다. 하나님의 평화는 세상의 평화와 다를 것입니다. 결국 미가서는 그리스도로 말미암는 진정한 평화를 갈망하게 하며 우리에게 소망의 메시지를 전합니다.

세상의 악에 대한 하나님의 답

기본 읽기 나훔 1장-하박국 3장
핵심 읽기 하박국 2장

선지자 나훔은 니느웨(앗수르)의 멸망과 심판을 예언합니다. 나훔은 당시 강대국이며 잔혹하기로 악명이 높았던 앗수르도 곧 심판을 받는다고 선언합니다. 그것도 매우 처참하고 처절하게 심판받을 것이며, 수공(水攻)과 약탈이 심할 것이라고 선언합니다. 그러나 이어지는 하박국서에서 선지자는 악인들이 의인을 삼키는데도 하나님은 잠잠하신 것 아니냐고 하소연합니다. 어찌보면 모순처럼 보이는 상황입니다. 하박국서는 선지자 하박국과 하나님의 문답 형태로 진행되는데, 하박국 2장에서 하나님은 선지자에게 악인들에게 처참한 심판이 있을 것이며, 의인은 그의 믿음으로 말미암아 살 것이라 응답하십니다. 이에 대하여 하박국은 이 일을 수년 내에 이루어 주십사 하나님께 노래하며 "나는 여호와로 말미암아 즐거워하며 나의 구원의 하나님으로 말미암아 기뻐하리로다"(하박국 3:18)라고 고백합니다. 하나님은 득세하는 악을 반드시 심판하시는 분입니다.

6일차 모두에게 다르게 다가올 '여호와의 날'

기본 읽기 스바냐 1-3장
핵심 읽기 스바냐 3장

스바냐서는 유다 왕 요시야의 시대에 선지자 스바냐가 선포한 말씀입니다. 선지자는 스바냐서 서두에서부터 하나님이 이 땅의 모든 것을 진멸하시리라고 선언합니다. 심판이 일어날 날은 "여호와의 큰 날"인데, 그날은 분노와 환난의 날입니다(스바냐 1:15). 그날에 이스라엘에서 하나님 앞에 죄를 범한 이들과 이스라엘을 비방하고 괴롭히던 이웃나라들은 처절한 심판을 받게 될 것입니다. 그러나 하나님의 백성은 그날에 수치를 당하지 않고 하나님의 보호를 받게 될 것입니다. 구원받은 백성은 하나님께 즐거이 노래할 것입니다. 그때 하나님은 우리에게 구원을 베푸실 전능자가 되시고(3:17), 우리에게 칭찬과 명성을 얻게 하실 것입니다(3:19). 여호와의 날이 우리에게 임한다면 그날은 우리에게 기쁨의 날이 될까요, 심판의 날이 될까요?

7일차 성전을 건축하라

기본 읽기 학개 1-2장
핵심 읽기 학개 2장

이번 주에 읽을 학개서와 스가랴서, 말라기서는 포로 귀환 이후에 기록된 책입니다(이 시기의 배경을 담은《리딩지저스》2권 6장 '유배기'를 참고하면 더욱 역동적이고 깊이 있게 통독할 수 있습니다). 학개서는 두 장밖에 되지 않는 짧은 책이지만, 그 메시지는 매우 뚜렷합니다. 학개는 백성에게 하나님의 전을 건축하라고 촉구합니다. 당시 백성은 성전 건축보다는 자신의 집을 짓는 일에 더욱 몰두하였고, 이에 대한 하나님의 반응인 가뭄과 한재(가뭄으로 인하여 생기는 재앙)에 대하여 불평하고 있었습니다. 선지자는 백성과 총독 스룹바벨과 대제사장 여호수아를 독려하여 공사를 재개하게 합니다. 이후 하나님은 그들이 재건한 이 성전에 하나님의 영광이 충만할 것이며, 이전 영광보다 나중 영광이 더욱 클 것이라고 말씀하시며 그들을 위로하십니다.

8일차 내가 너희의 영광이 되리라

기본 읽기 스가랴 1-5장
핵심 읽기 스가랴 1장

스가랴 선지자는 학개 선지자와 마찬가지로 포로 귀환 시기에 활동했으며, 성전 재건에 대한 메시지를 전합니다. 스가랴는 백성에게 그들의 조상들을 본받지 말라고 경고합니다. 그는 화석류나무 사이에 선 여호와의 천사를 본 환상(스가랴 1장)과 측량줄을 잡은 사람의 환상(2장)을 통하여 예루살렘이 재건될 것을 알게 됩니다. 또한 하나님이 대제사장 여호수아의 더러운 옷을 벗기시고 정결한 관을 씌우시는 환상(3장)을 보며 대제사장이 성결하게 되리라는 메시지를 받습니다. 순금 등잔대와 두 감람나무의 환상(4장)과 날아가는 두루마리의 환상(5장)을 통하여서는 예루살렘과 성전의 재건을 확인합니다. 선지자가 환상을 보았을 당시의 이스라엘 백성은 누가 봐도 초라했지만 하나님은 그들에게 다시 하나님의 영광을 충만케 하리라고 말씀하십니다.

9일차 회복되리라

기본 읽기 스가랴 6-10장
핵심 읽기 스가랴 8장

하나님은 네 병거가 등장하는 환상과 여호수아에게 면류관을 씌우시는 환상(스가랴 6장)을 보이시며 이스라엘의 회복을 말씀하십니다. 이러한 환상을 보이시는 이유는 이스라엘의 온전한 회복을 하나님이 원하시기 때문입니다. 하나님은 이스라엘이 금식하는 것보다 그분의 말씀에 청종하는 것을 원하십니다. 하나님은 이스라엘이 회복되어 진리를 말하며, 진실하고 화평한 재판을 베풀고, 진리와 화평을 사랑하는 이들이 되기를 원하십니다. 두로와 시돈은 심판을 받을 것이며, 이스라엘은 구원받을 것입니다. 그들은 흩어진 곳, 즉 애굽과 앗수르 등에서 돌아올 것입니다. 이스라엘은 물론 온 열방에 하나님의 영광이 드러나고, 하나님의 백성은 회복될 것입니다. 하나님은 '만군의 여호와'이시기에 반드시 이 일을 이루실 것입니다. 그래서 스가랴서는 유독 하나님을 '만군의 여호와'라고 부릅니다.

10일차 구원이 임하리라

기본 읽기 스가랴 11-14장
핵심 읽기 스가랴 14장

하나님은 포로가 된 이스라엘이 돌아오고 예루살렘이 다시 하나님을 섬기는 도시로 회복될 것이라고 말씀하십니다. 스가랴서의 마지막 부분은 이스라엘의 구원과 예루살렘의 회복을 노래하지만, 이 말씀들의 대상은 단지 이스라엘이라는 한 나라와 예루살렘이라는 지도 상의 한 도시에 머물지 않습니다. "그날에 죄와 더러움을 씻는 샘이 다윗의 족속과 예루살렘 주민을 위하여 열리리라"(스가랴 13:1)라는 예언은 이스라엘의 회복을 넘어서서 그리스도가 오셔서 온 세상의 죄를 씻으시고 회복하실 것을 노래합니다. 이러한 선지자의 예언은 먼저는 포로가 되었던 이스라엘이 예루살렘으로 귀환하는 것으로, 그리고 그리스도가 오셔서 십자가에서 우리를 위한 구원을 베푸시는 것으로 완전히 성취됩니다.

11일차 이스라엘을 향한 하나님의 경고

기본 읽기 말라기 1-2장
핵심 읽기 말라기 1장

구약성경의 마지막 책인 말라기서는 선지자 말라기가 하나님의 말씀을 받아 예언한 것을 기록한 책입니다. 말라기서의 시작은 이례적으로 "이스라엘에게 말씀하신 경고"라는 기록으로 시작합니다. 말라기서는 이스라엘이 하나님께 "하나님께서 우리에게(혹은 우리가 하나님께) 언제 이러이러했습니까?"라는 항변에 대한 하나님의 답변 형식으로 진행됩니다. 즉 이스라엘이 하나님을 향하여 "주께서 어떻게 우리를 사랑하셨나이까?", "우리가 어떻게 주의 이름을 멸시하였나이까?", "우리가 어떻게 주를 더럽게 하였나이까?"(말라기 1장), "우리가 어떻게 여호와를 괴롭혀 드렸나이까?"(2장)라고 주장하는 것에 대한 하나님의 답변입니다. 이스라엘은 포로가 되었던 자신들을 하나님이 회복시켜 주셨음에도 불구하고, 여전히 하나님께 범죄하고 제사를 소홀히 했습니다. 그런데도 오히려 하나님께 이렇게 뻔뻔한 질문을 던지고 있습니다.

12일차 그가 임하시는 날을 누가 능히 당하랴

기본 읽기 말라기 3-4장
핵심 읽기 말라기 3장

하나님을 향한 이스라엘의 어처구니없는 질문은 말라기 3장에서도 계속 이어집니다. 이스라엘은 "우리가 어떻게 주의 것을 도둑질하였나이까?", "우리가 무슨 말로 주를 대적하였나이까?"라고 주장합니다. 이에 하나님은 이스라엘이 하나님께 드리는 봉헌물을 도둑질하였고, 하나님이 정하신 각종 예물 드리는 것을 매우 아까워했다고 적나라하게 드러내시며 그들을 꾸짖고 순종을 명령하십니다. 하나님의 말씀은 의인과 하나님을 경외하는 이들을 향한 치료와 회복, 악인들을 향한 심판이 임할 것을 선언하고, '선지자 엘리야'를 보내사 자녀들의 마음을 돌이키실 것으로 마무리됩니다. 이 예언을 끝으로 하나님은 세례 요한의 등장 전까지 긴 침묵에 들어가십니다. 그리고 엘리야보다 탁월하신 그리스도가 오셔서 이 예언을 성취하십니다.

성
경
노
트

2부

성 / 경 / 수 / 업

절망에서
소망으로

이 성전의 나중 영광이
이전 영광보다 크리라
만군의 여호와의 말이니라
내가 이곳에 평강을 주리라
만군의 여호와의 말이니라
학개 2장 9절

범죄한 이스라엘과 희미한 미래

소선지서의

연대와

역사적 배경

소선지서는 기원전 8세기에 쓰인 호세아서, 아모스서, 요나서, 미가서부터 포로기 이후 시대에 기록된 학개서, 스가랴서, 말라기서에 이르기까지 열두 권의 이스라엘 선지서 문헌 역사 전체를 아우릅니다. 이 열두 책은 한 개의 두루마리 안에 기록되어 전해져 왔는데, 그 순서는 현재 우리가 읽는 성경과 거의 비슷한 순서입니다. 기원전 200년경에 기록된 한 유대 외경에도 '열두 선지서'라고 지칭되어 한 단위로 묶여 언급되어 있습니다.

소선지서가 배치된 순서는 우연이 아니라 의도되었을 가능성이 큽니다. 400여 년에 걸쳐 예언된 내용을 담고 있고, 그 예언을 담은 책도 다양한 시기에 기록되었지만, 소선지서는 한 개의 단일 전통으로서 여호와의 말씀이 '그의 종 선지자들'을 통해 반복적으로 백성에게 전해진 것으로 여겨집니다. 실제로 아모스 3장 7절은 "주 여호와께서는 자기의 비밀을 그 종 선지자들에게 보이지 아니하시고는 결코 행하심이 없으시리라"라고 말합니다. 따라서 소선지서 각 책은 각 선지자 당대의 청중에게 전하는 개별적 메시지이면서, 또한 소선지서 전체로서 이스라엘과 유다 백성의 다양한 세대와 더 나아가 현시대의 모든 하나님의 자녀들을 향한 더 큰 메시지를 담고 있습니다.

　소선지서의 순서는 대체로 연대순으로 되어 있는데, 책 서두에 그 시기를 추정할 수 있는 문구가 있는 책들이 그렇습니다. 기원전 8세기에 기록된 호세아서, 아모스서, 요나서, 미가서 중, 호세아서와 아모스서는 북왕국 이스라엘에게, 미가서는 남왕국 유다에게 각각 예언한 내용입니다. 요나서는 니느웨에 대한 예언을 적고 있지만, 니느웨보다는 요나 자신과 그의 출신지인 북왕국 이스라엘에 대한 내용이 더 많습니다. 나훔서, 하박국서, 스바냐서는 예레미야가 예언을 시작한 시기인 기원전 7세기 후반의 책들입니다. 이 중 첫 번째로 기록된 나훔서도 니느웨를 언급하지만, 그의 주요 청중은 대체로 남왕국 유다였습니다. 하박국 시대에 이르면서 바벨론이 주적이 되었지만, 이때도 스바냐서처럼 주요 청중은 유다였습니다.

● **소선지서의 기록 연대**

　소선지서의 마지막 세 권인 학개서, 스가랴서, 말라기서는 모두 포로기가 끝나고 유다 땅에 돌아온 이후에 기록되었습니다. 이 책들은 이스라엘 백성이 고향으로 돌아온 이후에 맞닥뜨린 도전들을 다루는데, '아직' 오지 않은 세상에 대한 희망을 놓치지 않으면서 '지금' 겪는 좌절과 싸우는 내용입니다. 과거 선지자들을 통해 하나님이 주신 회복의 약속이 온전히 이루어지겠지만, 지금은 부분적으로만 이루어진 듯 보이기 때문입니다.

소선지서 중에서 요엘서과 오바댜서는 따로 분류할 필요가 있는데, 이들은 소선지서 앞쪽에 배치되어 있지만 대다수 학자는 훨씬 후대의 책으로 여깁니다. 요엘서는 기록 연대를 추정하기가 무척 어렵긴 하지만 포로 귀환 이후인 기원전 500년경일 가능성이 크고, 에돔에 대해 예언하는 오바댜서 역시 비슷한 연대로 추정됩니다. 아마도 이 두 책의 연대를 추정하는 일이 어려웠기 때문에, 비슷한 주제나 어휘를 담은 다른 책들과 나란히 배치해 놓아서 서로 메시지를 강화하려고 했을 것입니다.

Lesson 2　　**새로운 이스라엘이 온다**

소선지서의

주제와 핵심

소선지서 열두 권은 여호와와 그 백성이 맺은 관계의 역사를 대략적으로 그리면서 폭넓게 서로 메시지를 강화하며 전달합니다. 이 점은 여러 방식으로 드러나는데, 한 예로 초기 소선지서들은 이스라엘과 유다가 각각 독립 국가로 존재했던 시기에 두 나라 모두에게 **회개하라**고 요청합니다. 회개 요청은 또 다른 8세기 선지서인 이사야서 앞부분에서도 이미 표현되었지만(이사야 1:18), 사생아들이 회복될 것이라고 말하는 호세아서의 전반부와 니느웨조차 회개하면 하나님이 회복하실 수 있다고 말하는 요나서에도 잘 나타납니다. 요엘서도 니느웨가 회개할 때 그 왕이 한 말을 이스라엘 백성에게 똑같이 요청하면서(요엘 2:12-14), 요나서의 회개 메시지를 반영합니다.

　소선지서를 읽다 보면 예언의 대상인 북왕국 이스라엘이 자취를 감추는데, 이는 그들이 예언을 듣지 않아 이미 포로로 잡혀갔기 때문입니다. 따라서 소선지서의 중간 부분은 멸망 이전의 남왕국 유다를 향해 말하는데, 예레미야와 에스겔처럼 다가올 심판을 선포하는 분위기로 어조가 바뀌어 "회개하고 회복하라"라고 초청합니다. 예를 들어 하박국서는 여호와가 유다에 쳐들어오는 바벨론을 부르셨기 때문에 누구도 그들을 막을 수 없다고 말합니다. 개인은 회개할 수 있을지 몰라도 유다 왕국에게는 더 이상 회개의 여지없이 심판이 시작될 때라는 것입니다. 그러면서도 하박국서는 죄지은 유다 왕국이 정당한 심판을 받는 중에 경건한 사람들은 어떻게 반응해야 하는지 그 기준을 세워 주기도 합니다.

> 비록 무화과나무가 무성하지 못하며 포도나무에 열매가 없으며 감람나무에 소출이 없으며 밭에 먹을 것이 없으며 우리에 양이 없으며 외양간에 소가 없을지라도 나는 여호와로 말미암아 즐거워하며 나의 구원의 하나님으로 말미암아 기뻐하리로다 주 여호와는 나의 힘이시라 나의 발을 사슴과 같게 하사 나를 나의 높은 곳으로 다니게 하시리로다…(하박국 3:17-19)

소선지서의 마지막 부분인 학개서, 스가랴서, 말라기서의 배경은 포로 귀환 시기입니다. 이 마지막 책들은 하나님이 선지자들을 통해 약속한 바를 성취하시기 위해 어떤 새로운 일을 행하실지를 바라보게 합니다. 그중에서도 마지막 책인 말라기서는 자기 백성을 향한 여호와의 사랑을 재확인하면서 시작합니다.

> 여호와께서 이르시되 내가 너희를 사랑하였노라 하나 너희는 이르기를 주께서 어떻게 우리를 사랑하셨나이까 하는도다 나 여호와가 말하노라 에서는 야곱의 형이 아니냐 그러나 내가 야곱을 사랑하였고
> (말라기 1:2)

그 사랑은 창세기까지 거슬러 올라가 야곱이나 에서가 선행이나 악행을 저지르기 전에 이미 에서 대신 야곱을 선택하신 여호와의 택하심에 뿌리 내리고 있습니다. 스스로 율법을 지키려는 노력만으로는 이스라엘에게 희망이 없고 오직 여호와가 친히 오셔서 그분의 의로 그들을 구원하셔야 한다고 말합니다.

소선지서는 의도적으로 말라기 4장으로 끝을 맺는데, 그 이유는 말라기 4장이 구약의 가장 마지막 예언으로서 새로운 엘리야의 등장을 바라보기 때문입니다(말라기 4:5-6). 이 예언 때문에 우리는 엘리야 같은 인물을 기대하게 되는데, 그는 바로 그리스도의 오심을 예비할 세례 요한입니다(마가복음 1:1-8). 예수님은 새로운 이스라엘로 오셔서 이스라엘이 이루지 못한 온전한 의를 성취하시고 성전의 주인으로 예루살렘 성전에 들어가실 것입니다(말라기 3장). 그분이 오시면, 오늘날 여호와를 경외하는 우리는 말라기서의 첫 청중이 그랬듯이, 외양간에서 나온 송아지처럼 즐거워하고, 치료하는 광선을 비추는 공의로운 해를 맞게 될 것입니다. 우리는 하나님의 사랑받는 자녀가 되며, 하늘이나 땅에 있는 그 어떤 것도 우리를 그 사랑에서 끊을 수 없게 될 것입니다.

"음란한 자식들을 낳으라"

호세아
___

호세아서는 북왕국 이스라엘을 향해 하나님의 말씀을 전하는 몇 안 되는 선지서 중 한 권입니다. 호세아는 남쪽의 이사야와 비슷한 시기에 활동한 초기 선지자로서 여로보암 2세가 왕위에 오른 시대에 사역했습니다. 그의 사역 초반에는 두 왕국이 모두 번성했으나, 곧 여로보암 2세가 죽고 북왕국이 정치적 혼란에 빠지게 됩니다. 그래서 호세아서가 전하는 메시지의 핵심은 미래에 있을 멸망 이후의 하나님 은혜에 관한 것입니다. 호세아서 전반부인 1-3장에서 하나님은 호세아에게 창녀와 결혼하라는 명령을 하시는데, 이는 하나님과 이스라엘의 관계를 묘사하는 상징적 행위입니다. 후반부인 4-14장은 부정한 이스라엘에게 임박한 심판에 대한 경고와 여호와가 그의 사랑하시는 백성을 절대 포기하지 않으신다는 미래의 소망을 말합니다.

호세아서의 메시지를 이해하기 위해 1장을 간단히 살펴보겠습니다. 하나님이 호세아에게 고멜이라는 창녀와 결혼하라고 명령하시자 호세아는 이에 순종합니다(호세아 1:2-3). 이는 선지자 이사야나 에스겔에게 하셨던 것과 흡사한 방법으로(이사야 20:2-4; 에스겔 4장), 끊임없이 불의를 저지르는

하나님은 호세아에게 고멜이라는 **창녀와 결혼하라**고 명령하시고 호세아는 이에 순종하는데, 이는 끊임없이 불의를 저지르는 **이스라엘 백성과 하나님의 관계**를 상징적으로 보여 줍니다.

백성과 하나님의 관계를 상징적으로 보여 줍니다.

호세아와 고멜의 자녀들에게 붙여진 이름들에는 이스라엘의 현재 모습과 앞으로의 모습을 보여 주는 예언적 의미가 담겨 있습니다. 맏아들 '이스르엘'은 예후가 권력을 잡고 아합 가문을 전멸한 유혈 쿠데타와 유사한 심판을 예후의 집에 여호와가 내리시겠다는 뜻이고(호세아 1:4-5), 둘째 딸 '로루하마'는 여호와의 긍휼이 없다는 뜻이며(6-7절), 셋째 아들 '로암미'는 하나님의 백성이 아니라는 뜻입니다(8-9절). 모두가 하나님이 이스라엘에게 말씀하셨던 언약과는 정반대로, 이스라엘에 대한 하나님의 분명한 거절의 의미입니다. 하지만 이 거절은 그 백성을 향한 여호와의 결정적 말씀이 아닙니다. 여호와가 이스라엘의 하나님이 되시겠다는 시내 산 언약에 대한 이루심 너머에는 아브라함의 자손을 바닷가의 모래와 같게 하시겠다는 아브라함과의 언약에 대한 여호와의 이루심이 있습니다. 그런 까닭에 이스라엘을 향한 여호와의 심판은 결국 끝날 것이며, "내 백성이 아니라"는 말을 들었던 사람들이 "살아 계신 하나님의 아들들"이라 불릴 날이 올 것입니다.

> 그러나 이스라엘 자손의 수가 바닷가의 모래같이 되어서 헤아릴 수도 없고 셀 수도 없을 것이며 전에 그들에게 이르기를 너희는 내 백성이 아니라 한 그곳에서 그들에게 이르기를 너희는 살아 계신 하나님의 아들들이라 할 것이라(호세아 1:10)

나아가 하나님은 유다와 이스라엘 자손을 함께 다스리는 "한 우두머리"를 세워 주실 것이라 약속하십니다.

> 이에 유다 자손과 이스라엘 자손이 함께 모여 한 우두머리를 세우고 그 땅에서부터 올라오리니 이스르엘의 날이 클 것임이로다(호세아 1:11)

그런데 어떻게 이런 변화가 가능할까요? 죄인을 심판하고 가차 없이 잘라 내시는 하나님, 의로운 분노를 발하시는 하나님이 어떻게 자격 없는 이들에게 자비와 긍휼을 베푸시는 분이 되실 수 있을까요? 여기서 우리는 호세아서를 하나님의 거대한 구속 역사라는 더 큰 이야기와 연결하게 되는데, 그 답은 예수 그리스도이십니다. 예수님은 살아 계신 하나님의 아들로서 완전히 신실하신 분이며 아버지의 긍휼을 받기에 부족함이 없으시지만, 아버지의 인정을 자발적으로 포기하시고 하나님의 분노가 쏟아지는 십자가에 매달리십니다. 거기서 예수님은 "긍휼을 받지 못한" 분이 되시고, 어둠이 온 세상을 뒤덮을 때 하나님은 예수님을 버리시고 "내 백성이 아니"라고 여기십니다. 그렇게 예수님이 우리 대신 고난을 받으셔서 우리의 지위는 하나님의 백성으로 바뀌고 우리는 구원을 받습니다. 그리고 아버지의 이름을 위한 백성을 소유하시겠다는 창세전 하나님의 목적도 성취됩니다.

Lesson 4   **"구원은 여호와께 속하였나이다"**

요나
———

요나서는 망가진 사람들에게 뜻밖의 긍휼을 베푸시는 여호와와 자기 의에 빠져서 고집스럽게 그 은혜를 거부하는 선지자에 관한 이야기입니다. 하나님은 니느웨의 악함도 염려하시지만 망가진 선지자를 더 염려하십니다. 니느웨의 악함은 주권적인 하나님이 치유하시기에 의외로 쉽지만, 요나의 악함은 더 미묘하고 뿌리가 깊습니다. 이교도 사공들은 하나님을 어떻게 경배해야 하는지 알고 있었고, 니느웨 사람들도 죄를 회개하지만, 과연 망가진 선지자 요나가 회복되고 치유될 수 있을지, 요나서의 전체 이야기는 확실한 대답 없이 끝이 납니다.

하나님은 요나에게 앗수르의 수도 니느웨에 가서 심판과 회개를 선포하라고 명하십니다. 그러나 요나는 여호와의 명령을 피해 도망치려고 배에 오릅니다. 그는 북이스라엘의 원수나 다름없는 앗수르에게 말씀을 전하고 싶지 않았습니다. 이에 하나님은 큰 폭풍을 보내시는데 요나는 배 밑층에서 깊이 잠을 잡니다. 선장이 깨우며 그의 하나님께 구하라고 말하지만, 요나는 아무것도 하지 않습니다. 제비가 뽑힌 후에도 그는 하나님의 말씀에 순종할 기미를 보이지 않고 하나님의 용서를 구하려는 암시조차 하지 않

오직 요나만이 자신이 섬긴다고 주장하는 **하나님의 실재**를 받아들이지 않고, 그 은혜에 저항하면서 심지어 **자신의 관점**을 바꾸느니 차라리 죽겠다고 대답니다.

습니다. 그는 여호와의 은혜와 자비를 받으려는 마음 없이 그저 엄격한 정의의 심판을 받을 작정으로 자신을 바다에 던지라고 말합니다. 결국 요나가 바다에 던져지고 폭풍이 잠잠해지면서, 이교도 사공들은 요나의 하나님을 만나 완전히 변화하지만 요나의 심정에는 변화가 없습니다.

요나는 물고기 배 속에서 "구원은 여호와께 속하였나이다"(요나 2:9)라는 핵심 메시지를 말하지만, 여전히 그는 구원의 자격을 스스로 판단하려는 모순을 보입니다. 요나서 전체에서 요나는 여호와의 뜻을 행하러 달려가는 많은 피조물에 둘러싸여 있습니다. 큰 물고기, 식물, 벌레, 동풍까지도 모두 여호와께 순종하며, 이교도 사공들도 자신들이 받은 자비에 반응하고, 심지어 잔인한 니느웨 사람들도 회개하며 돌아섭니다. 오직 요나만이 자신이 섬긴다고 주장하는 하나님의 실재를 받아들이지 않고, 그 은혜에 저항하면서 심지어 자신의 관점을 바꾸느니 차라리 죽겠다고 대듭니다.

> 요나가 매우 싫어하고 성내며 여호와께 기도하여 이르되 여호와여
> 내가 고국에 있을 때에 이러하겠다고 말씀하지 아니하였나이까 그러
> 므로 내가 빨리 다시스로 도망하였사오니 주께서는 은혜로우시며 자
> 비로우시며 노하기를 더디하시며 인애가 크시사 뜻을 돌이켜 재앙을
> 내리지 아니하시는 하나님이신 줄을 내가 알았음이니이다 여호와여
> 원하건대 이제 내 생명을 거두어 가소서 사는 것보다 죽는 것이 내게
> 나음이니이다 하니(요나 4:1-3)

결국 이런 요나를 통해 사공들과 니느웨 백성은 구원받지만, 요나는 그
들에게 궁극적인 구세주가 아니었습니다. 하나님은 우리를 구원하시려고
반항하는 선지자와는 정반대로 온전히 순종하신 진정한 선지자를 보내 주
십니다. 그분이 바로 예수 그리스도이십니다.

자기 의에 충만한 요나는 자기가 니느웨 사람들보다 낫다고 확신하며
그들에게 은혜의 말씀을 전하기 싫어서 도망치지만, 예수님은 완고한 죄
인들을 심판하거나 도망치시지 않고 오히려 예루살렘을 향해 가십니다.
그들을 긍휼히 여기시고 구원하기 위해 스스로 낮아지십니다. 게다가 예
수님은 겟세마네와 십자가 위에서 요나와는 다른 양상으로 폭풍우 한가
운데로 들어가십니다. 그 잔을 거부하거나 그 폭풍을 쉽게 물리칠 수 있으
셨지만, 오히려 아버지 뜻에 따라 빛에서 스스로 분리되심으로써 여호와
에게서 나오는 구원이 요나처럼 반항하는 도망자들에게까지 임하게 하십
니다. 이것이 요나가 도망치려 했던, 대양처럼 넓은 하나님의 사랑입니다.
우리는 결코 그분의 사랑을 피할 수 없습니다. 아무리 멀리 달아나려 해도

그분이 더 멀리 가셔서 우리를 기다리시며, 아무리 악한 마음으로 반항하더라도 우리에게 은혜를 베푸십니다.

Lesson 5   "여호와의 크고 두려운 날이 이르리니"

학개, 스가랴,
말라기

학개서와 스가랴서는 다리오 왕이 권력을 잡고 있던 기원전 520-515년 사이에, 유다 사람들이 스룹바벨 총독과 여호수아 대제사장의 지휘 아래 성전 건축을 완성한 시기의 예언을 기록합니다(학개 1:1; 스가랴 1:1). 반면 말라기서는 시대에 대한 언급이 없어 역사적 배경을 정확히 알기가 어렵습니다. 다만 두 번째 성전이 재건되어 사용되었고(말라기 3:1-8), 말라기 선지자가 기원전 450년대와 440년대의 에스라와 느헤미야 시대와 비슷한 문제들을 언급하는 것으로 미루어 보아 말라기서의 연대는 기원전 5세기 중반 정도로 추정됩니다.

이 시기의 유다 왕국은 가난했고 강한 적들로 둘러싸여 있었습니다. 내부적으로도 농업 중심의 경제는 가뭄과 병충해로 휘청거렸고, 제사장들은 부패하고 백성은 율법을 준수하지 않아서 영적으로도 열악한 시기였습니다. 하지만 이 세 권의 토대가 되는 신학적 배경은 포로 귀환으로 하나님의 백성이 부분적으로 회복된 상태였습니다. 비록 선조들의 죄와 불순종으로 포로기를 보내야 했지만(스가랴 1:2-6), 이제 이들은 회개와 귀환을 통해(스가랴 1:16-17) 여호와가 그들과 함께하시면서 복을 주시는 새 출발이

이 세 책은 불확실한 세상과 실망스러운 현재를 살아가는 성도들이 눈을 들어 **장차 다가올 미래**를 바라보도록 합니다. 즉 확실한 실재이면서도 학개와 스가랴 시대에는 아직 오지 않은 실재이며, '아직'의 축복이 시작되기 위해 꼭 필요한 사건인 **메시아의 오심**을 바라보게 합니다.

가능해졌습니다(학개 1:13; 2:4). 그리고 하나님이 그 백성을 애굽에서 불러 내신 원래 목적을 성취하실 것입니다(학개 2:5-9).

그러나 돌아온 땅이 황폐하여 매일의 현실이 너무 힘든 탓에 그들은 하나님의 사랑을 의심합니다(말라기 1:2). 그리고 하늘의 약속과 땅의 현실 두 사이에 끼어 있다고 느끼면서 '지금'과 '아직' 사이에서 갈등과 갈망을 동시에 경험하며 살아갑니다. 비록 포로기에 에스겔이 여호와가 돌아오셔서 백성 가운데 거하시고(에스겔 37:27) 재건된 성전에 다시 영광이 임할 것이라고 예언했지만(에스겔 43:1-5), 그 약속이 '지금'의 일부인지, 아니면 '아직'의 일부인지 혼돈스럽습니다.

따라서 이 세 책은 불확실한 세상과 실망스러운 현재를 살아가는 성도들이 눈을 들어 장차 다가올 미래를 바라보도록 합니다. 즉 확실한 실재이면서도 학개와 스가랴 시대에는 아직 오지 않은 실재이며, '아직'의 축복이 시작되기 위해 꼭 필요한 사건인 메시아의 오심을 바라보게 합니다. 그때가 되면 하늘과 땅을 진동시키실 여호와가 나타나시고(학개 2:6-7), 여호와가 친히 성전에 임재하셔서 순전한 예물을 받으시며(말라기 3:4), 평화와 신뢰 속에서 아버지와 자녀의 마음이 서로 통하게 될 것입니다(말라기 4:6).

보라 여호와의 크고 두려운 날이 이르기 전에 내가 선지자 엘리야를 너희에게 보내리니 그가 아버지의 마음을 자녀에게로 돌이키게 하고 자녀들의 마음을 그들의 아버지에게로 돌이키게 하리라(말라기 4:5-6)

그때 여호와가 평강을 주시고(학개 2:9), 하나님의 백성을 범하는 자들은 그분의 눈동자를 범하는 것이 되며(스가랴 2:8), 하나님이 친히 사탄을 책망하시고(스가랴 3:2), 반대와 어려움의 산은 그분 앞에서 평지가 될 것입니다(스가랴 4:7). 그때는 하나님의 원수들에게는 불같은 진노의 날이 되고, 그 이름을 경외하는 이들에게는 해가 비추는 은혜의 날이 될 것입니다(말라기 4:1-2). 궁극적으로 이 최후의 승리는 하나님의 땅에 거주하는 모든 이들에게 큰 변화를 가져올 것입니다. 백성은 안식에 들어가고, 포도나무와 무화과나무 아래 앉아 장수와 풍성한 소출을 누리고 끊임없는 생수를 공급받을 것입니다(스가랴 3:10; 8:3-13; 10:6-12; 14:8-9, 20-21). 이는 바로 메시아를 통해서입니다. 세례 요한은 여호와가 그분의 성전에 오실 것을 미리 보여 준 엘리야이고(마태복음 11:14), 예수님은 바로 그 새 성전이시며(요한복음 2:19-21), 그 백성 가운데 계신 하나님의 영광이시요(요한복음 1:14), 새 성전의 주님이시며, 다윗의 뿌리로서(요한계시록 5:5) 자기 백성에게 안식을 주시고(마태복음 11:28; 히브리서 4:1-11), 자기 백성에게 빛나고 깨끗한 세마포 옷을 입혀 주시는 분입니다(요한계시록 19:8).

READING JESUS

리딩지저스
: 그리스도 중심으로 읽는 소선지서

요나는 여호와가 행하시는 구원의 수단으로 쓰임받지만, 한없이 부족한 모습을 보입니다. 하나님은 반항하는 요나와는 다른, 온전히 순종하시는 선지자를 보내십니다. 그분이 바로 예수 그리스도이십니다. 의로우신 예수님은 죄인들을 외면하지 않으시고 그들을 긍휼히 여기시고 그들과 함께 거하셨습니다. 요나처럼 폭풍우 가운데 주무시던 예수님은 말씀으로 바람을 잔잔하게 하실 수 있는 분입니다. 모든 것을 고요케 하실 수 있는 그분이 십자가를 거부하지 않으시고 우리를 위해 자기 목숨을 내어 주셨습니다.

구약성경은 한 장 한 장 모든 내용이 예수 그리스도의 복음을 보여 주는 책입니다. 구약의 핵심 메시지는 예수 그리스도이시며, 더 구체적으로는 그분의 고난과 그 이후의 영광에 대한 것입니다. 그리고 이러한 사실은 신자들의 삶에 새로운 도덕성을 갖게 합니다. 그분의 한없는 사랑은 우리를 일으키는 소망이 되고, 타락한 세상을 치유하고자 하는 동기와 원동력을 부여하고, 새 하늘과 새 땅이 임할 날을 소망하는 열정을 불러일으키기 때문입니다.

소선지서는 기원전 8세기에 쓰인 호세아서, 아모스서, 요나서, 미가서부터 포로기 이후 시대에 기록된 학개서, 스가랴서, 말라기서에 이르기까지 열두 권의 이스라엘 선지서 문헌 역사 전체를 아우릅니다. 선지자들은 400여 년에 걸쳐 예언했고, 그들의 예언을 담은 책들도 다양한 시기에 기록되었습니다. 이 열두 권의 책은 현재 성경의 순서와 비슷하게 배열되어 한 개의 두루마리에 실려서 전해졌습니다. 따라서 소선지서 각 책은 각 선지자 당대의 원래 청중에게 전하는 개별적 메시지이며, 동시에 소선지서 전체가 하나의 큰 메시지를 이룹니다.

호세아서, 아모스서, 요나서, 미가서는 기원전 8세기에 기록되었고, 나훔서, 하박국서, 스바냐서는 예레미야가 예언을 시작한 시기인 기원전 7세기 후반의 책들이며, 소선지서의 마지막 세 권인 학개서, 스가랴서, 말라기서는 포로기가 끝나고 유다 땅에 돌아온 이후에 기록되었습니다. 요엘서와 오바댜서는 연대를 추정하기가 어려우나 포로 귀환 이후인 기원전 500년경일 가능성이 크고, 아마도 비슷한 주제나 어휘를 담은 다른 책들과 나란히 배치해 놓아서 서로 메시지를 강화하려고 했을 것입니다.

소선지서 열두 권은 여호와와 그 백성이 맺은 관계의 역사를 대략적으로 그리면서, 폭넓게 서로 강화하는 메시지를 전달합니다. 그 한 예로 초기 소선지서들은 이스라엘과 유다가 각각 독립 국가로 존재했던 시기에 두 나라 모두에게 회개하라고 요청합니다. 호세아서, 요나서, 요엘서 등에서 이런 점이 역력히 나타납니다. 그런데 소선지서를 읽다 보면 북이스라엘은 포로로 잡혀가기 때문에 슬그머니 자취를 감추고, 소선지서의 중간부터는 멸망 직전의 남유다를 향해 "회개하라"라는 말씀을 전하면서 다가오는 심판을 선포하는 어조로 바뀝니다. 소선지서는 구약성경의 가장 마지막 예언인 말라기서로 끝을 맺으면서 새로운 엘리야의 등장과 그가 예비하는 메시아를 바라보게 합니다.

호세아서는 아직 미래에 해당하는 멸망 이후의 하나님 은혜를 예언합니다. 요나서는 망가진 사람들에게 뜻밖의 긍휼을 베푸시는 여호와와 자기의에 빠져서 고집스럽게 그 은혜를 거부하는 선지자에 관한 이야기입니다. 학개서, 스가랴서, 말라기서는 포로 귀환을 통해 부분적으로 회복된 하나님 백성이 하늘의 약속과 땅의 현실 사이에서 갈등과 갈망을 동시에 경험하는 모습을 보여 줍니다. 따라서 이 세 권은 실망스러운 현재를 살아가는 성도들이 눈을 들어 장차 다가올 미래를 바라보도록 합니다.

신약성경 저자들은 선지자들의 이러한 '아직'이 그리스도가 오심으로 드디어 도래했고, '말세'가 역사 속으로 들어왔다고 선포합니다(사도행전 2:16-17). 이는 사람들이 하나님의 임재를 새로운 방식, 즉 메시아 예수 가운데서 경험한다는 뜻으로, 우리는 소선지서의 주제들이 신약성경에서 하나로 합쳐지는 것을 보게 됩니다.

❶ 선지서는 크게 대선지서와 소선지서로 나뉩니다. 이런 이름은 (   )의
  중요성 때문이 아니라 (   )이 많고 적은 것 때문에 불리는 이름입니다.
  아래 표시된 성경 중에서 소선지서에 해당하는 것을 찾아서 표시해 보세
  요. (소선지서에 들어가며)

  스바냐, 요엘, 신명기, 이사야, 아모스, 말라기, 예레미야, 스가랴, 학개, 호세아,
  오바댜, 나훔, 여호수아, 미가, 요나, 에스겔, 하박국, 전도서, 사무엘서

  ---

❷ 소선지서의 순서는 대략적인 연대순으로 되어 있습니다. 빈칸을 채워 보
  세요. (성경수업 Lesson 1)

  | 기원전 8세기 | 호세아, (   ), (   ), (   ) |

  | 기원전 7세기 후반 | (   ), 하박국, 스바냐 |

  | 포로기 이후 | 학개, (   ), (   ) |

  | 따로 분류되는 책 | 요엘, 오바댜 |

❸ 소선지서를 읽다 보면 예언의 대상인 이스라엘은 자취를 감추는데, 이는
  그들이 예언을 듣지 않아 이미 (   )로 잡혀갔기 때문입니다. 따라서 소
  선지서의 중간 부분은 멸망 이전의 유다를 향해 말하는데, "(   )하고
  회복하라"라는 초청에서 예레미야와 에스겔처럼 다가올 (   )을 선포
  하는 분위기로 어조가 바뀝니다. (성경수업 Lesson 2)

❹ 몇몇 소선지서의 메시지를 정리해 봅시다. (성경수업 Lesson 3-5)

호세아 (　　) 이후의 하나님의 (　　), 여호와가 그의 사랑하시는 백성을 절대 포기하지 않으신다는 미래의 (　　)을 선포

요나 망가진 사람들에게 뜻밖의 (　　)을 베푸시는 여호와와 자기 의에 빠져서 고집스럽게 그 (　　)를 거부하는 선지자 이야기

학개, 스가랴 (　　　　) 총독과 (　　　　) 대제사장의 지휘 아래 성전 건축을 완성한 시기의 예언

❺ 구약성경의 마지막 세 책은 불확실한 세상과 실망스러운 현재를 살아가는 성도들이 눈을 들어 장차 다가올 (　　)를 바라보도록 합니다. 궁극적으로 최후의 (　　)는 하나님의 땅에 거주하는 모든 이들에게 큰 변화를 가져올 것입니다. 백성은 (　　)에 들어가고, 포도나무와 무화과나무 아래 앉아 장수와 풍성한 소출을 누리고 끊임없는 생수를 (　　　)를 통해서 공급받을 것입니다. (성경수업 Lesson 5)

정답

1. 내용, 분량, 스바냐, 요엘, 아모스, 말라기, 스가랴, 학개, 호세아, 오바댜, 나훔, 미가, 요나, 하박국 2. 아모스, 요나, 미가, 나훔, 스가랴, 말라기 3. 포로, 회개, 심판 4. 멸망, 은혜, 소망, 긍휼, 은혜, 스룹바벨, 여호수아 5. 미래, 승리, 안식, 메시아

❶ 선지서는 언약에 근거한 하나님의 신실하신 사랑을 절절히 보여 줍니다. 최근에 이와 같은 하나님의 간절한 사랑을 느낀 적이 있다면 나누어 봅시다.

❷ 《리딩지저스》4권을 끝으로 우리는 구약성경의 큰 틀을 대략 살펴보았습니다. 《리딩지저스》와 함께 성경통독을 하는 동안 어떤 유익이 있었는지 나누어 봅시다.

❸ 죄악을 미워하시는 하나님께, 우리를 향하여 변함없이 신실한 사랑을 보이시는 하나님께 사랑을 표현하는 한 주간이 되기 위해서 내가 실천할 수 있는 것들을 나누어 봅시다.

기도로 함께
소망하며

❶ 성경 말씀에 기초해, 찬양과 감사의 기도를 드립니다.

너의 하나님 여호와가 너의 가운데에 계시니 그는 구원을 베푸실 전능자이시라

그가 너로 말미암아 기쁨을 이기지 못하시며 너를 잠잠히 사랑하시며

너로 말미암아 즐거이 부르며 기뻐하시리라 하리라

스바냐 3:17

❷ 일상의 변화를 소망하며, 회개와 결단의 기도를 드립니다.

❸ 서로를 위해, 또 교회를 위해 기도합니다.

하나님을 향한
찬양

시편 126편 1-6절

여호와께서 시온의 포로를 돌려보내실 때에

우리는 꿈꾸는 것 같았도다

그때에 우리 입에는 웃음이 가득하고

우리 혀에는 찬양이 찼었도다

그때에 뭇 나라 가운데에서 말하기를

여호와께서 그들을 위하여 큰 일을 행하셨다 하였도다

여호와께서 우리를 위하여 큰 일을 행하셨으니

우리는 기쁘도다

여호와여 우리의 포로를 남방 시내들같이 돌려보내소서

눈물을 흘리며 씨를 뿌리는 자는

기쁨으로 거두리로다

울며 씨를 뿌리러 나가는 자는

반드시 기쁨으로 그 곡식 단을 가지고 돌아오리로다

그가 아버지의 마음을 자녀에게로
돌이키게 하고 자녀들의 마음을
그들의 아버지에게로 돌이키게 하리라

말라기 4장 6절

미국 웨스트민스터 신학교

한국어 신학연구
석사 과정
KMATS

미국 웨스트민스터 신학교의
KMATS Korean Master of Theological Studies 는
전 세계 그리스도인이 성경의 진리에 기초한
건강한 신학을 삶과 일터,
사역의 현장에 적용할 수 있도록
훈련하는 프로그램입니다.
《리딩지저스》 시리즈는
웨스트민스터 신학교 KMATS 프로그램의 과목인
"구약성경과 그리스도", "신약성경과 그리스도"
수업 내용의 일부를 쉽게 재구성하여 집필했습니다.

특징

❶ 100% 온라인 프로그램으로 세계적인 미국 웨스트민스터 신학교 교수진의 강의
를 언어와 지역에 상관없이 한국어로 들을 수 있습니다.

❷ 온라인 담당 한국인 교수와 함께 실시간으로 자유롭게 질의응답할 수 있습니다.

❸ 한 학기에 한 과목 수강으로 바쁜 일상 중에도 부담 없이 참여할 수 있습니다.

대상

❶ 그리스도 중심 설교를 배우고 싶은 목회자

❷ 하나님의 말씀을 확신 있게 가르치고 싶은 평신도 지도자

❸ 해외 선교 현장에서 신학 교육의 필요성을 느끼는 선교사

개요

100% 온라인	12과목 이수	1.5년-3년 소요
1년 4학기 개강	한 학기 10주	개별과목 수강

· 졸업 요건은 12과목 이수 여부와 졸업 총괄 평가로 이루어집니다.

· 1년 4학기로 1월, 3월, 6월, 9월에 개강하며, 매 학기 입학할 수 있습니다.

· 전체 학위 과정에 참여하지 않고 관심 있는 과목만 수강할 수 있습니다.

과목		
구약성경과 그리스도 Old Testament Survey		구약성경 적용 Old Testament for Application
신약성경과 그리스도 New Testament Survey		신약성경 적용 New Testament for Application
성경 해석 원리 Principles of Biblical Interpretation		예배를 위한 성경신학 Biblical Theology of Worship
조직신학 개론 Introduction to Systematic Theology		구원론: 그리스도와의 연합 Union with Christ
변증학 개론 Introduction to Apologetics		기독교와 문화 Christianity and Culture
교회사 I History of Christianity I		교회사 II History of Christianity II
신론: 하나님을 아는 지식 Doctrine of God		과학과 신앙 Science and Faith

개별 과목 수강 트랙

전체 학위 과정을 이수하지 않고, 원하는 과목만 개별 수강할 수 있습니다. 평소 성경과 신앙에 대해 풀리지 않던 질문이 있었다면 아래 추천 과목 중에 선택하여 수강하길 바랍니다. KMATS 프로그램의 신뢰할 수 있는 신학적 틀 안에서 자유롭게 질문하며 답을 찾아갈 기회를 얻게 될 것입니다.

추천 과목

그리스도 중심 설교 ⌄	성경 신학적 토대 ⌄	일터와 신앙, 문화의 이해 ⌄
· 구약성경과 그리스도	· 구약성경과 그리스도	· 기독교와 문화
· 신약성경과 그리스도	· 신약성경과 그리스도	· 과학과 신앙
· 구약성경 적용	· 조직신학 개론	· 교회사 2
· 신약성경 적용	· 변증학 개론	· 변증학 개론

교수진

싱클레어 퍼거슨
Dr. Sinclair Ferguson

이안 더귀드
Dr. Iain Duguid

윌리엄 애드가
Dr. William Edgar

데이비드 가너
Dr. David Garner

번 포이트레스
Dr. Vern Poythress

조나단 깁슨
Dr. Jonathan Gibson

브랜든 크로우
Dr. Brandon Crowe

채드 반 딕스훈
Dr. Chad Van Dixhoorn

리차드 개핀
Dr. Richard Gaffin

● ● ●

문의

홈페이지 www.wts.edu/kmats
카카오 채널 "kmats"를 검색

이메일 kmats@wts.edu
전화 02-2289-9081

미국 웨스트민스터 신학교는
그리스도와 전 세계에 있는 그의 교회를 위하여
1929년에 설립되었습니다.

웨스트민스터 신학교는 설립된 이래로 한결같이
성경이 무오하고 권위 있는 하나님 말씀이라는 신념으로
학문적 탁월성과 그리스도 중심적 성경 해석에
철저히 헌신해 왔습니다.

지난 90여 년간 하나님의 은혜로
웨스트민스터 신학교를 통해
한국 교회와 전 세계 교회를 섬기는 지도자들이
배출되었습니다.

이제 그 자리에서 함께할 당신을 기다립니다.

설립 100주년을 맞이하며 웨스트민스터 신학교는 한국 교회와
함께 전 세계 교회를 섬기는 비전을 품고 앞으로 달려 나갑니다.

한국 | 리딩지저스 | 한국어 신학연구 | 한국어 목회학
사역 | | 석사 과정 KMATS | 박사 과정 KDMIN